CAMBRIDGE LIBRARY COLLECTION

Books of enduring scholarly value

Linguistics

From the earliest surviving glossaries and translations to nineteenth century academic philology and the growth of linguistics during the twentieth century, language has been the subject both of scholarly investigation and of practical handbooks produced for the upwardly mobile, as well as for travellers, traders, soldiers, missionaries and explorers. This collection will reissue a wide range of texts pertaining to language, including the work of Latin grammarians, groundbreaking early publications in Indo-European studies, accounts of indigenous languages, many of them now extinct, and texts by pioneering figures such as Jacob Grimm, Wilhelm von Humboldt and Ferdinand de Saussure.

De l'emploi du génitif absolu en Sanscrit

Ferdinand de Saussure (1857–1913), the founder of structuralist linguistics and pioneer of semiotics, began his career as a scholar of Indo-European languages (his early study of the Proto-Indo-European vowel system is also reissued in this series). In 1880, Saussure was awarded a doctorate from the University of Leipzig for this study, which appeared in print in 1881. He published almost nothing more during his lifetime. Earlier Indo-Europeanists had noted the almost complete absence of the genitive absolute from Classical Sanskrit texts. Saussure argued that it must have been a feature of colloquial speech, as it appears in formulaic expressions in less 'purist' Sanskrit texts, as well as in Pali. He analyses different forms of the construction, and lists nearly 500 examples, many from the *Mahabharata* and the *Ramayana*. The thesis is also of interest as it reveals Saussure's early approach to problems of syntax.

Cambridge University Press has long been a pioneer in the reissuing of out-of-print titles from its own backlist, producing digital reprints of books that are still sought after by scholars and students but could not be reprinted economically using traditional technology. The Cambridge Library Collection extends this activity to a wider range of books which are still of importance to researchers and professionals, either for the source material they contain, or as landmarks in the history of their academic discipline.

Drawing from the world-renowned collections in the Cambridge University Library and other partner libraries, and guided by the advice of experts in each subject area, Cambridge University Press is using state-of-the-art scanning machines in its own Printing House to capture the content of each book selected for inclusion. The files are processed to give a consistently clear, crisp image, and the books finished to the high quality standard for which the Press is recognised around the world. The latest print-on-demand technology ensures that the books will remain available indefinitely, and that orders for single or multiple copies can quickly be supplied.

The Cambridge Library Collection brings back to life books of enduring scholarly value (including out-of-copyright works originally issued by other publishers) across a wide range of disciplines in the humanities and social sciences and in science and technology.

De l'emploi du génitif absolu en Sanscrit

Thèse pour le doctorat présentée à la Faculté de Philosophie de l'Université de Leipzig

Ferdinand de Saussure

CAMBRIDGE
UNIVERSITY PRESS

CAMBRIDGE
UNIVERSITY PRESS

University Printing House, Cambridge, CB2 8BS, United Kingdom

Cambridge University Press is part of the University of Cambridge.
It furthers the University's mission by disseminating knowledge in the pursuit of education, learning and research at the highest international levels of excellence.

www.cambridge.org
Information on this title: www.cambridge.org/9781108075589

This edition first published 1881
This digitally printed version 2015

ISBN 978-1-108-07558-9 Paperback

DE L'EMPLOI

DU

GÉNITIF ABSOLU

EN SANSCRIT

DE L'EMPLOI

DU

GÉNITIF ABSOLU

EN SANSCRIT

THÈSE POUR LE DOCTORAT

présentée à la Faculté de Philosophie de l'Université de Leipzig

PAR

FERDINAND DE SAUSSURE

GENÈVE

IMPRIMERIE JULES-GUILLAUME FICK

1881

ABRÉVIATIONS

Les textes dont le titre est précédé d'un astérisque ont été dépouillés en entier.

R. V.	Rig-Vêda.
MBh.	Mahâbhârata de Calcutta.
Hariv.	Harivaṁça.
Râm.	* Râmâyana. Les 2 premiers livres sur l'édition de Schlegel, les 4 derniers sur celle de Gorresio. On a laissé de côté l'*Uttarakâṇḍa*.
Râm. Calc.	Râmâyaṇa édité par Hêmaćandra-Bhaṭṭa. Calcutta.
Mârk. Pur.	* Mârkaṇḍêya-Purâṇa, éd. Banerjea.
Bhâg. Pur.	Bhâgavata-Purâṇa, éd. Burnouf.
Kath.	* Kathâsaritsâgara, éd. H. Brockhaus.
Pttr. Calc.	* Pańćatantra, Calcutta 1872. } Le 1er chiffre indique la page, le 2me la ligne.
Pttr. Kos.	Pańćatantra, éd. Kosegarten. }
Hitôp.	* Hitôpadêça, éd. Schlegel et Lassen.
Chrest. Benf.	Sanskrit-Chrestomathie von Th. Benfey.
Chrest. Böhtl.	Sanskrit-Chrestomathie von O. Böhtlingk, 2e éd.
Ind. Spr.	Indische Sprüche herausgeg. von O. Böhtlingk, 2e éd.

TRANSCRIPTION

Voyelles et diphthongues : *a â i î u û ṛ ṝ ḷ ê ai ô au.*
Gutturales : *k kh g gh ṅ.*
Palatales : *ć ćh j́ j́h ń.*
Cérébrales : *ṭ ṭh ḍ ḍh ṇ.*
Dentales : *t th d dh n.*
Labiales : *p ph b bh m.*
Semi-voyelles : *y r l v.*
Sifflantes : *ç ṣ s.*
Aspiration, visarga et anusvâra : *h ḥ ṁ.*

SECTION I

EXTENSION ET EMPLOI DU GÉNITIF ABSOLU

L'emploi des locatifs absolus est un chapitre de la syntaxe sanscrite suffisamment éclairci et facile à étudier, grâce à l'abondance des exemples.

Il n'en est pas de même du *génitif absolu* de la même langue. On peut dire que cette construction n'est connue que par ouï-dire et par la mention, du reste fort laconique, des grammairiens de l'Inde, tant il est difficile de trouver quelque indication précise à son égard dans les travaux européens. Une monographie de ce sujet peut donc être de quelque utilité.

NOTE BIBLIOGRAPHIQUE.

Ce qui a été dit jusqu'ici sur notre matière se réduit aux remarques éparses que voici:

La première, à ma connaissance, est celle de M. Stenzler, dans son édition du Kumâra-sam̃bhava. Le çlôka II 46 est ainsi conçu:

> *yajvabhiḥ sam̃bhṛtam̃ havyam̃ vitatêṣv adhvarêṣu saḥ*
> *jâtavêdômukhân mâyî* miṣatâm *âćhinatti* naḥ.

M. Stenzler présente à ce propos les observations suivantes: « *miṣatâm̃ naḥ*, nobis adspicientibus. Notum est in lin- « gua sanscrita et locativos absolutos usurpari et genetivos.

« Attamen utrique sensu differre dicuntur... L'auteur établit ensuite que le locatif absolu contient d'habitude une donnée de temps, tandis que, d'après Pâṇini, c'est lorsqu'il s'agit d'exprimer un certain manque d'égards (*anâdara* i. e. despectus aliquis) qu'on peut y substituer le génitif. Et il conclut en disant : « Nostro igitur loco verba *miṣatâm̃ naḥ* « nobis « adspicientibus » haud significabunt: dum nos adspiciebamus, « sed : quanquam nos adspiciebamus ; atque Nal. VII 8, verba « *Vaidarbhyâḥ prêkṣamâṇâyâḥ* vertenda erunt : quanquam « Vaidarbhis spectabat, i. e. ne uxoris quidem præsentia Nalus « detinebatur a ludo. Hoc Pâninis præceptum num apud omnes « omnium temporum scriptores valuerit, accuratius erit exa- « minandum. »

La note de M. Stenzler se trouve reproduite dans la dissertation de M. Siecke, *De Genetivi in lingua sanscrita usu*, p. 67. L'auteur se borne au surplus à signaler le vers I 63, 16 du Râmâyaṇa, où Schlegel est censé avoir aperçu un génitif absolu, dont M. Siecke lui laisse la responsabilité. Aussi bien, M. Pischel, dans l'article que nous allons citer, a fait justice de cet exemple prétendu.

Le petit travail de M. Pischel a pour titre: *Genetivus absolutus im Pâli* (Kuhn's Zeitschr. XXIII 425 seq.). On y trouve quelques mots dits en passant sur le génitif absolu sanscrit. L'auteur discute la doctrine de Pâṇini concernant l'*anâdara* et croit pouvoir l'illustrer par un passage du *Rtusam̃hâra*, au sujet duquel nous conservons, malgré tout, quelques doutes (v. § 7). Il constate, en pâli comme en sanscrit, une certaine prédilection du génitif absolu pour le verbe *paçyati*, et ajoute avec raison que l'*anâdara* n'est nullement de rigueur, ainsi que le ferait croire la règle des grammairiens.

M. A. Weber, dans une courte annotation au passage que nous citons sous le n° 19, dit que la construction en question est assez commune en pâli, mais rare en sanscrit. Il rappelle le texte de Pânini sans vouloir en trouver à tout prix l'application dans la phrase qu'il commente.

Enfin la grammaire sanscrite de M. Whitney consacre quelques lignes à ce point de syntaxe (§ 300).

§ 1. EXTENSION DU GÉNITIF ABSOLU.

Un premier fait, constaté depuis longtemps, c'est l'absence du génitif absolu dans les monuments de la période védique. En présence des assurances renouvelées de connaisseurs éminents, j'ai cru inutile, pour ma part, de contrôler l'exactitude de ce fait par des recherches spéciales.

Je dois noter toutefois que le lexique de Saint-Pétersbourg donne s. v. 1 *miṣ* un génitif absolu tiré de la *Maitrâyaṇôpaniṣad* (v. ci-dessous, n° 407). Le texte de cet écrit, dont la langue se rapproche du sanscrit épique, est regardé comme relativement moderne.

Sans aborder ici le terrain de la syntaxe comparée, l'usage d'un idiome aussi rapproché du sanscrit que le zend mérite à tout hasard d'être consulté. M. Hübschmann (*Zur Casuslehre*, p. 280) mentionne trois cas de génitif absolu tirés de cette langue, sans répondre toutefois de leur véritable interprétation. Lors même qu'ils seraient moins douteux, ces exemples n'ont aucun des caractères essentiels du génitif absolu indien. Les citations en partie différentes de Spiegel (*Gramm. der Altbaktr. Spr.*, § 277) donnent lieu à la même remarque.[1] Au reste, la confusion très grande qui règne en

[1] A l'exception peut-être du passage Yt. 3, 13, qui en revanche se trouve, après vérification, avoir dans le texte une forme très différente de celle sous laquelle il est cité par Spiegel.

zend dans l'emploi des cas, jointe à l'absence surprenante des locatifs absolus, serait de nature déjà à recommander une extrême prudence.

Dans le sanscrit classique, il n'est guère de texte de quelque étendue qui n'offre des exemples de génitif absolu, pourvu que le genre littéraire y prête. Ce sont les ouvrages du genre narratif, principalement les épopées et les Purânas, mais aussi la prose du *Pańćatantra*, qui en admettent le plus facilement l'usage. — Le drame paraît éviter les génitifs absolus. Il est vrai que nous n'avons pas poussé très loin nos recherches sur ce point.

Quant aux écrits de la basse époque, leur langue étudiée et artificielle ne sait plus, autant que nous avons pu l'observer, se servir d'un tour qui n'avait jamais été bien usuel. Ceci ne concerne pourtant que le sanscrit des puristes, car on rencontre des génitifs absolus dans des textes écrits plus librement, tels que le *Pańćadaṇḍaćhattraprabandha*, postérieur au XVe siècle. Le fait tient sans doute à ce que dans le parler populaire, comme on en peut juger par le pâli, cette construction demeurait encore vivante.

Le génitif absolu en sanscrit passe pour une rareté syntaxique. Il serait plus exact de dire qu'on le rencontre rarement en dehors d'un certain nombre de formules, dont quelques-unes sont au contraire assez répandues. Telle d'entre elles, dans quelques parties du Mahâbhârata, n'est plus qu'un refrain banal et une des chevilles de versification dont le poète abuse le plus.

Dans ce qui suit, nous parlons de *sujet* et de *prédicat* (ou *attribut* [1]) du génitif absolu, plutôt que de les appeler sub-

---

[1] Le terme *prédicat* a été introduit par M. Bergaigne. Il nous semble offrir des avantages sur celui d'*attribut* qui, dans les terminologies étrangères et dans l'usage français même, représente des idées diverses.

stantif et participe. Ces expressions ne peuvent prêter à aucune équivoque. Elles ne sont pas moins légitimes que le terme *proposition-participe* appliqué au tour absolu.

§ 2. LE SUJET DU GÉNITIF ABSOLU.

Première et importante règle à noter:

Le sujet du génitif absolu est toujours une personne, *dans le sens grammatical du mot, c'est-à-dire un être* animé et intelligent, *ou censé tel.*

On ne pourrait donc convertir en génitifs absolus des locatifs tels que : *divasêṣu gaććhatsu, barhiṣi stîryamâṇê, utsavê pravartamânê.*

Toutefois le sujet peut être un collectif de personnes.

Il y a parfois, comme dans la proposition à verbe fini, ellipse du sujet *lui :* ainsi au n° 64, et dans l'exemple que donne le scholiaste de Pâṇini, *rudataḥ prâvrâjît* (v. § 6). — Le génitif *varṣataḥ* « ὕοντος » que nous avons cru reconnaître dans les n°s 80 et 81, doit être considéré comme un cas particulier où le sujet reste innommé. Il faut sous-entendre *dêvasya* ou *Parjanyasya,* car le verbe *varṣati* n'est point impersonnel comme le grec ὕει. Aussi, au point de vue syntaxique, ce n'est pas ὕοντος, mais bien les locutions telles que παλλομένων « en tirant au sort » (Il. 15, 191) qui fourniraient ici le meilleur parallèle. [1]

Le pronom relatif, comme sujet d'un génitif absolu, se trouve aux n°s 50, 84.

On ne doit qu'à des négligences de style certains génitifs absolus dont le sujet répète un des termes de la phrase,

---

[1] Au surplus *varṣataḥ* signifie peut-être plus exactement : *le pluvieux* pleuvant, *varṣatô varṣataḥ;* de même que le vrai sens de παλλομένων est : παλλομένων τῶν παλλομένων. Le sujet est omis parce qu'il n'est autre que le prédicat sous-entendu à l'état de substantif.

comme dans le grec ἀσθενήσαντος αὐτοῦ, οὐδέποτε ἀπέλιπε τὸν πάππον, Xénophon Cyr. I 4, 2. Ainsi MBh. XIII 4002 :

iti têsâm̃ *kathayatâm̃*, *bhagavân Gôvṛṣadhvajaḥ*
« *êvam astv* » *iti* dêvâm̃s tân, *viprarṣê*, *pratyabhâṣata*.

Cf. les n°s 2, 6, 9, 32, 43, 45, 47.

§ 3. LE PRÉDICAT DU GÉNITIF ABSOLU.

Le génitif absolu n'est point, comme le locatif dans les fonctions correspondantes, une construction employée librement et dans une grande variété de combinaisons. On y retrouve presque constamment les participes des mêmes verbes. C'est donc en somme une série de formules, consacrées par l'usage, que nous avons devant nous. Le verbe qui, par sa fréquence, y tient, sans comparaison aucune, la première place, est *paçyati* « voir », et cela non seulement en sanscrit, mais aussi, semble-t-il, dans le pâli. Deux verbes de signification voisine, *prêkṣati* et *miṣati*, viennent en seconde ligne avec *çṛṇôti* « entendre ».

Il n'est pas rare que le prédicat soit un adjectif, et sous le terme d'adjectif on doit comprendre aussi les participes passés, qui, nous le verrons à l'instant, ne peuvent entrer qu'en cette qualité dans un génitif absolu. L'adjonction du participe *sant-* « étant », qu'on peut toujours suppléer par la pensée, n'est point nécessaire et semble même inusitée.

Nous n'avons pas recueilli d'exemple où le prédicat soit un substantif, comme dans le type latin *dictatore Fabio*, et dans les locatifs absolus indiens *tasmin mahîpatau*, *tvayi yantari*, etc.

§ 4. RAPPORT DANS LE TEMPS AVEC L'ACTION PRINCIPALE.

L'action principale, par rapport à celle du génitif absolu, est contenue presque toujours dans le prédicat de la proposition.

Néanmoins il est bon de noter le cas, qu'on conçoit sans peine, où le membre de phrase absolu se rattache par le sens à un autre terme quelconque de la proposition, ce terme étant supposé un participe ou un adjectif exprimant une action.

Ce fait, qui est rare, se présente dans le passage ci-après du *Mârkaṇḍêya-Purâṇa* (14, 84) :

paçyatô bhṛtyavargasya mitrâṇâm atithês tathâ
êkô miṣṭânnabhug bhuṅktê jvaladaṅgârasaṁćayam.

« L'homme qui (dans le cours de sa vie) a goûté seul des friandises « en présence de ses serviteurs, de ses amis ou de son hôte, [subit ici « le supplice] de manger un amas de charbons ardents. »

On voit que le génitif absolu porte uniquement sur l'adjectif à sens participial *miṣṭânnabhuk*, qui, dans la phrase, a le rôle de *sujet*. Un exemple analogue se trouve dans le *Râmâyaṇa* de Gorresio V, 91, 11 :[1]

vinaṣṭaḥ paçyatas tasya rakṣituḥ çaraṇâgataḥ
âdâya sukṛtaṁ tasmât sarvaṁ gaććhaty arakṣitaḥ.

L'action du génitif absolu accompagne dans le temps l'action principale; la première n'est jamais donnée comme close au moment où la seconde s'accomplit.

C'est là, en regard de l'emploi du locatif absolu, qui se prête indifféremment à exprimer la concomitance ou l'antécédence, une nouvelle particularité caractéristique.

La conséquence en est que le participe du génitif absolu est invariablement un participe présent, — ou un adjectif, avec lequel on est libre de sous-entendre le participe présent du verbe substantif.

Il ne s'ensuit pas toutefois que les participes passés ne puissent figurer dans un génitif absolu. C'est à condition seulement qu'ils dépouillent entièrement leur nature verbale: ils marquent alors un *état prolongé et encore présent*, et sont réduits de la sorte à la valeur de purs adjectifs.

On ne rencontrera jamais au génitif absolu que des participes

[1] Cf. Ind. Spr. nº 6131, où Böhtlingk donne le texte de Bombay.

passés susceptibles d'être interprétés comme nous venons de le dire. Ce sont surtout les participes passés des verbes neutres.

Ainsi un passage du *Pańćatantra* nous offre les mots:

nâyaṁ pâpâtmâ mama gatâyâ utthitaḥ ?

Il ne s'agit pas là de deux faits consécutifs. Il serait simplement impossible, dans un génitif absolu, de prendre *gata* au sens participial, et de traduire *postquam abii*. Notre participe signifie *parti* dans le sens d'*absent*. Il est devenu adjectif, et la phrase se traduira: *le coquin ne s'est-il point levé pendant mon absence?* On voit qu'il y a simultanéité: l'action subordonnée embrasse toute la période de l'action principale, et ne la précède pas.

Le contexte, dans le cas précité, confirme parfaitement la justesse de la règle. La femme de l'ivrogne qui revient chez elle en grand danger d'être battue s'enquiert seulement de ce qui s'est passé *pendant son absence*. Elle ne dit point: « *une fois que je fus partie* ne s'est-il point levé? » ce qui ferait supposer que le mari se doutait de son départ ou qu'il le guettait. [1]

Le locatif absolu est moins précis: *mayi gatâyâm* peut avoir l'un et l'autre des deux sens envisagés.

L'exemple n° 64 où *mṛtê* (loc.) est opposé à *jîvataḥ* (gén.) est une illustration intéressante aux remarques qui précèdent.

---

[1] D'après ce qui vient d'être dit, c'est une énormité que l'auteur du *Kṣitîçavaṁçâvalîćarita* (éd. Pertsch, Berlin, 1852) a commise dans le génitif absolu suivant, le seul que présente cet écrit de la fin du XVIIIe siècle :

êvaṁ viṁçativarṣaṁ suçâsitarâjyasya Majamudârasya prâptaparalôkasya, Çrîkṛṣṇaḥ svârjitarâjyaṁ taditarau bhrâtarau ća vibhajya prâptaṁ paitṛkaṁ râjyaṁ çaçâsuḥ.

Pertsch: *When the Majmuat-dâr, after having thus ruled happily for twenty years, passed away to the other world, Çrîkṛṣṇa reigned over the kingdom he had gained for himself, and his two brothers over the divided realm of their father.*

Il ne faut voir là probablement qu'une confusion de cas ou une des

§ 5. RAPPORT LOGIQUE AVEC L'ACTION PRINCIPALE.

Nous avons tour à tour considéré dans le génitif absolu le *sujet*, le *verbe*, le *temps*, et sur chacun de ces différents points nous l'avons trouvé assujetti à certaines limites étroites, où l'usage n'a jamais enfermé le locatif absolu.

Ces deux formes syntaxiques n'ont pas non plus des attributions égales en ce qui concerne le *rapport logique* avec l'action principale, rapport qui, dans la phrase normale, aurait son expression dans les conjonctions de subordination. Le locatif absolu offre plus de latitude que le génitif construit de la même manière. Il remplace des propositions subordonnées de nature plus diverse. Il est vrai que ce dernier tour gagne peut-être en relief et en netteté ce qui lui manque en étendue.

Remarquons à ce propos que la construction que nous étudions n'est jamais absolument obligatoire, car il n'est aucun des emplois qui lui sont donnés qui ne soit également du ressort du locatif absolu. Toutefois les participes de certains verbes ont une préférence marquée pour le génitif. Il faut citer: *miṣant-*, à peu près introuvable au locatif absolu,[1] *pa-*

---

incroyables anacoluthes que se permet l'auteur de cette chronique (voy. l'Introduction de Pertsch, p. VIII).

Un cas plus extraordinaire encore nous est offert dans le *Bhâgavata-Purâṇa*, VIII 6, 21 :

amṛtôtpâdanê yatnaḥ kriyatâm avilambitam
yasya pîtasya *vai jantur mṛtyugrastô 'marô bhavêt.*

Cet exemple viole les règles les mieux établies. Il contient un participe passé qui n'est pas adjectif, et le sujet représente une chose, au lieu d'être une personne.

[1] Nous n'en connaissons qu'un exemple : *miṣatsv animiṣêṣu*, Bhâg. Pur. III 15, 31.

çyant- et *çṛṇvant-*, rares aussi au locatif absolu, du moins dans la langue de l'épopée.[1]

Le caractère facultatif du génitif absolu est expressément relevé par le scholiaste de Pâṇini (voy. § 6). Jayamaṅgala, un des commentateurs du *Bhaṭṭikâvya*, croit devoir en parler également, et cela, chose assez singulière, à propos d'un locatif absolu.

Hanumân explique à Sîtâ pourquoi, du fond de sa cachette, il a assisté sans la défendre aux violences de Râvaṇa :

> tasmin vadati, *ruṣṭô 'pi nâkârṣaṁ, dêvi, vikramam*
> *avinâçâya kâryasya, vićinvânaḥ parâparam.*
> *Bhaṭṭ.* VIII 113.

Jayamaṅgala aperçoit dans cette phrase un *anâdara* (v. § 6), et se souvenant de la prescription de Pâṇini: *ṣaṣṭhî ćânâdarê*, il se met en campagne pour justifier la présence du locatif *tasmin vadati*. L'anâdara est évident en effet, seulement il porte tout entier sur *ruṣṭô 'pi*, « quoique irrité, » et il est inadmissible de voir dans *tasmin vadati* l'idée: « quoiqu'il parlât ainsi ». Encore faut-il noter que le commentateur tire de son propre fonds le mot *ainsi* qui n'existe nullement dans le texte. Ceci pour constater le peu d'à-propos de sa glose, qui en elle-même ne manque pas d'intérêt:[2]

« yady âdâv êva praviṣṭô 'si, tarhi kim iti svakarma na darçitavân asî » 'ty âha: *tasminn* ityâdi | hê dêvi, tasmin vadati ruṣṭô 'pi vikramaṁ nâkârṣam | taṁ tathâ vadantam anâdṛtya vikramaṁ nâkârṣam, ity arthaḥ | « ṣaṣṭhî cânâdara » iti *ća*-kârât saptamî. |

---

[1] Nous avons noté: *paçyatsu sarvarâjasu* MBh. VII 5800, *paçyatsu Kurupâṇḍuṣu*, ibid. 9245; *çṛṇvatsu têṣu vîrêṣu*, MBh. III 1997. Dans le *Kathâsaritsâgara*, ces locatifs sont beaucoup plus fréquents.

[2] Le commentateur tenait probablement à retrouver à tout prix, vers par vers, l'application des sûtras, mettant au besoin dans le texte ce qui ne s'y trouvait pas.

Pour l'étude des modes d'emploi de notre construction, nous établissons deux grandes classes d'exemples.

Dans le groupe *A*, le génitif absolu marque *une situation* au sein de laquelle se déroule l'action principale, et il ne modifie pas sensiblement l'idée.

Le groupe *B* est composé simplement de tous les autres cas, c'est-à-dire d'éléments assez disparates.

Si nous avons rassemblé ces cas en un groupe unique opposé au groupe *A*, c'est qu'ils présentent un trait commun — plus ou moins accusé et ne constituant pas un caractère distinctif rigoureux, — à savoir que les mots au génitif modifient d'une façon directe l'action principale, contrairement à ce qui a lieu dans l'autre groupe.

Groupe A.

Il y a peu d'observations à faire sur le groupe *A*. Le génitif absolu répond aux conjonctions *pendant que*, *comme*, *au moment où*. Il forme une sorte d'arrière-plan, sur lequel le fait principal se détache. C'est précisément l'inverse qu'on observe dans le second groupe, où le point saillant de l'idée est contenu le plus souvent dans le génitif absolu.

Vu l'uniformité de ce genre d'exemples, une seule citation suffira :

iti ćintayatas tasya, *tatra tôyârtham âyayuḥ*
gṛhîtakâñćanaghaṭâ bhavyâḥ subahavaḥ[1] *striyaḥ*.

Kath. 18, 356.

« Pendant qu'il se livrait à ces réflexions, des femmes nombreuses « et de noble apparence vinrent puiser de l'eau dans des vases d'or « qu'elles avaient apportés. »

Groupe B.

Dans l'application la plus simple, on trouve le sens de *pendant que :* en d'autres termes, la donnée de temps dépouillée

[1] On a semblablement au vers 35, 23 : *patnîṣu bahuṣu*.

de toute idée accessoire de mode, — et de la seule espèce possible dans ces conditions, le sens d'*après que* étant exclu, comme on l'a vu (p. 9).

Je n'indique pas à nouveau le caractère qui sépare les exemples en question du groupe traité plus haut, dans lequel, tout en marquant un rapport analogue, le génitif absolu ne renfermait pas une circonstance essentielle de l'action.

Kath. 29, 79:

Dêvasênas tadâ gatvâ mâtaram̃ praṇatô 'bravît:
« *Kîrtisênâdhunâ hastê tavâmba* prasthitasya mê ;
« *nâsyâ niḥsnêhatâ kâryâ, kulînatanayâ hy asau.* »

Ibid. 42, 68 (n° 486) :

suptasya mê *tad apy açnât sapatnî tê ćhalât.*

Comparez encore les exemples 482, 487, 495.

Bien que l'emploi « anâdarê », consacré par le code de la grammaire hindoue, ne soit ni exclusif, ni même prédominant, on serait embarrassé de signaler dans le groupe *B* une autre application saillante et tant soit peu constante du génitif absolu. C'est donc principalement ce genre d'emploi que nous avons à décrire.

Dans le cas en question, le génitif absolu équivaut à une proposition subordonnée introduite par *quoique* ou *quand même*, soit de l'espèce que nous nommons *concessive* en faisant intervenir le point de vue du *narrateur*, et qu'il serait plus juste d'appeler *adversative* en se plaçant à celui du *sujet de la subordonnée.* Le terme *anâdarê* dont se sert Pâṇini est emprunté enfin à une troisième donnée : l'attitude de l'*agent principal* vis-à-vis de l'action subordonnée. Le sens de ce terme peut se rendre par : « quand il n'est pas tenu compte, quand il y a indifférence, absence d'égards, acte de passer outre. »

On aurait tort toutefois de croire que le génitif absolu

jouisse d'une faculté propre pour exprimer l'idée de *quoique.* Il faut que cette idée se dégage plus ou moins clairement des mots eux-mêmes, et dans ces conditions le locatif absolu indien, comme l'ablatif absolu latin, comme le génitif absolu grec, se charge parfaitement de la même fonction. Le cas absolu marque une circonstance concomitante. Dès que le rôle de cette circonstance dans l'action principale ne donne lieu à aucune équivoque, l'esprit supplée de lui-même la conjonction voulue. En un mot, l'*anâdara* est indépendant du génitif. Ce qui est exact, c'est que, étant donné l'*anâdara*, l'usage incline pour le génitif.

Ce caractère purement subsidiaire du génitif absolu me paraît avoir été méconnu par M. Stenzler dans le passage cité plus haut (p. 4) où il dit : « verba *miṣatâm̃ naḥ*, « nobis adspicientibus » haud significabunt : dum nos adspiciebamus, sed : quanquam nos adspiciebamus. » L'observation, sans être précisément fautive, dépasse la mesure. Il semblerait que le génitif ait eu le pouvoir de transformer la phrase, d'y introduire une idée qu'on n'apercevrait point si les mêmes mots étaient mis au locatif. La vérité est que l'*anâdara* résulte du contexte, et qu'il n'en résulterait pas moins sûrement si nous avions le locatif au lieu du génitif. — J'ajoute que par une conséquence directe de cette première erreur, M. Stenzler commet celle d'admettre le sens tranché de *quanquam* dans une phrase où on ne peut trouver qu'un *quanquam* atténué, de l'espèce considérée ci-après sous le chef II.

Si nous faisons une classification, c'est uniquement pour introduire un ordre dans nos exemples. Ce qui précède montre en effet, qu'il n'y a pas différentes valeurs propres du génitif absolu. Nous ne pouvons qu'inscrire des catégories logiques, en mettant en regard de chacune d'elles des exemples qui en dépendent.

Il convient de reconnaître, en terminant, que quelques cas peu nombreux militent contre le principe développé ci-dessus et tendent à indiquer que le génitif absolu n'est pas toujours inexpressif par lui-même sous le rapport de l'*anâdara*. On le trouve dans des phrases où, pour rendre l'idée de *quoique*, le locatif absolu serait sinon insuffisant, du moins beaucoup plus ambigu. Ainsi, à force d'être affectée aux cas d'*anâdara*, notre construction arrive à porter ce sens en elle-même. Nous ouvrons, pour tenir compte de ce fait, la subdivision I β.

I. Anâdara prononcé.

La circonstance énoncée dans le génitif absolu constitue une entrave directe à l'action principale. L'idée est donc celle d'un *quoique* caractérisé.

α. Cette circonstance étant expressément désignée comme entravante, le sens de *quoique* naît spontanément et ne saurait être considéré comme déterminé en quoi que ce soit par le génitif.

Bhâgavata-Purâṇa VIII 21, 14:

tê sarvê vâmanaṁ hantuṁ çûlapaṭṭiçapâṇayaḥ
aniććhatô Balê, *râjan, prâdravan jâtamanyavaḥ.*

Mahâbhârata II 2478 :

akâmânâṁ ća sarvêṣâṁ suhr̥dâm arthadarçinâm
akarôt Pâṇḍavâhvânaṁ Dhr̥tarâṣṭraḥ sutapriyaḥ.

Qu'on mette des locatifs à la place de ces génitifs, et tout sera dans le même état.

Les exemples où cette signification est obtenue à l'aide de la particule *api* rentrent naturellement dans la même catégorie : Bhâg. Pur. VIII 12, 25 :

tayâpahr̥tavijñânas tatkr̥tasmaravihvalaḥ
Bhavânyâ api paçyantyâ *gatahrîs tatpadaṁ yayau.*

Cf. encore le n° 66.

β. La circonstance entravante est décrite, mais non expressément caractérisée comme telle. C'est le cas intéressant et rare auquel nous faisions allusion plus haut, le seul où l'idée de *quoique* existe, jusqu'à un certain point, *de par le génitif.*

MBh. I 4143:

Vićitravîryas taruṇô yakṣmaṇâ samagṛhyata.
suhṛdâm̃ yatamânânâm *âptaiḥ saha ćikitsakaiḥ*
jagâmâstam ivâdityaḥ Kauravyô Yamasâdanam.

« ses amis faisant leurs efforts, » ce qui, *à cause du génitif*, signifie : « *quoique* ses amis fissent leurs efforts (pour le sauver). »[1]

MBh. X 197 :

Bhûriçravâ mahêṣvâsas tathâ prâyagatô raṇê
krôçatâm̃ bhûmipâlânâm̃ *Yuyudhânêna pâtitaḥ.*

« les princes poussant des cris, » c'est-à-dire, et en vertu du génitif : « *malgré* les cris que poussaient les princes. »[2]

II. Anâdara mitigé.

Indiquons par un exemple le degré exact que nous avons ici en vue. C'est ce demi-*anâdara* qui fait qu'en français on se contente de dire: *en présence de*, pour: *malgré la présence de*,[3] ou bien: *de son vivant*, pour: *quoiqu'il vécût encore.*

---

[1] A vrai dire, la présence des mots *astam ivâdityaḥ* jette une certaine incertitude sur ce génitif absolu. Vićitravîrya quittant le monde terrestre est comparé au soleil qui se couche. Or nous verrons dans la section III que le sanscrit dit couramment : *têṣâm âdityô 'stam̃ jagâma*, « le soleil se coucha *pour* eux, » et c'est peut-être de cette façon qu'on doit interpréter le génitif ci-dessus.

[2] Le locatif absolu *krôçamânê 'rjunê*, MBh. VII 8875, contient, il faut l'avouer, la même idée de *malgré*. On voit combien il est malaisé de trouver un exemple où l'*anâdara* résiderait essentiellement dans le génitif.

[3] L'intention perce plus ouvertement dans les locutions populaires équivalentes : *sous le nez de*, *à la barbe de*.

La circonstance rapportée dans le génitif absolu n'est pas conçue directement comme un obstacle. Il n'y a qu'une nuance discrète. De façon qu'on éviterait la conjonction même hors du cas absolu, dont le propre est de la supprimer.

MBh. v 374:

Ahalyâ dharṣitâ pûrvam ṛṣipatnî yaçasvinî
jîvatô bhartur *Indrêṇa, sa vaḥ kiṁ na nivâritaḥ?*

Pttr. 193. Le roi des corbeaux s'excuse auprès de Sthirajîvin, le doyen de ses conseillers, de ne le consulter qu'après les autres:

tâta! yad êtê mayâ pṛṣṭâḥ saćivâs tâvad, atra sthitasya tava, *tat parîkṣârthaṁ yêna tvaṁ sakalaṁ çrutvâ, yad ućitaṁ tan mê samâdiçasi.* [1]

C'est dans cette classe que se placent naturellement presque tous les exemples où le participe au génitif est *paçyataḥ* « voyant, » ou un synonyme, le fait d'*être vu* n'étant pas un empêchement proprement dit.

Kath. 61, 159:

bhuktvâ ća, paçyatas tasya, *râtrau tadbhâryayâ saha*
samam âsêvya surataṁ, sukhaṁ suṣvâpa tadyutaḥ.

MBh. vii 6406:

hantâsmi Vṛṣasênaṁ tê prêkṣamâṇasya *saṁyugê.*

On peut faire la remarque que les génitifs absolus fournis par *paçyati* se prêtent, grâce à la signification de ce verbe, à deux sortes distinctes d'*anâdara*: l'une où l'acte principal a lieu malgré la présence d'un agent hostile — c'est celle dont nous venons de donner des exemples — l'autre où il s'accomplit malgré la présence d'un agent *qui devrait se montrer hostile*, mais qui consent, comme dans les phrases suivantes.

---

[1] Je n'accorde pas le génitif *sthitasya tava* avec *saćivâḥ*, parce que je crois que ce dernier mot désigne, dans son véritable emploi, les *courtisans*, les *familiers* (d'un prince), et non les *camarades* ou les *collègues* d'une personne quelconque.

MBh. XIII 7429. Kṛṣṇa raconte comment un brahmane, s'étant installé chez lui, avait fini, entre autres insolences, par maltraiter, sous ses yeux, son épouse Rukminî. Kṛṣṇa supporte ces humiliations avec joie :

agnivarṇô jvalan dhîmân sa dvijô rathadhûryavat
pratôdênâtudad bâlâm̃ Rukmiṇîm̃ mama paçyataḥ.

Mârk. Pur. 114, 30. Le roi Sudêva, par une coupable complaisance, laisse son favori Nala offenser la femme d'un richi :

sakhâ tasya Nalô mattô jagṛhê tâm̃ ća durmatiḥ
paçyatas tasya râjñaç *ća « trâta-trâtê » 'tivâdinîm.*

MBh. III 11799 :

mâm avajñâya duṣṭâtmâ yasmâd êṣa sakhâ tava
dharṣaṇâm̃ kṛtavân êtâm̃ paçyatas tê *Dhanêçvara,*
tasmât, etc.

III. Extrême dégradation de l'anâdara.

Il ne reste plus rien de l'idée de *malgré.*

Le sujet principal passe outre, non sur un acte d'opposition, mais sur un acte quelconque du second sujet.

C'est un *anâdara* qui est moins dans le fait que dans l'idée. Par cela même, il se concentre nécessairement davantage sur le génitif en tant que génitif, et cette extrême nuance, si on voulait l'exprimer dans un locatif absolu, courrait plus de risque de se perdre que l'*anâdara* bien accusé des cas précédents.

Notre construction servira, par exemple, à faire ressortir la sérénité impassible d'un personnage, que le fait incident ne saurait émouvoir.

Ainsi Râm. III 16, 26, dans la fable connue d'Agastya mangeant l'Asura Vâtâpi:

tatas tu kalpitaṁ bhakṣyaṁ Vâtâpiṁ mêṣarûpiṇam
bhakṣayâm âsa bhagavân Ilvalasya *sa* paçyataḥ.

Le richi, confiant dans la puissance de sa digestion, mange Vâtâpi sans s'inquiéter de l'attitude d'Ilvala, qui l'observe et qui va donner à son frère le signal convenu. *Ilvalaṁ paçyantam anâdṛtya* en style de commentateur. Au vers I 67, 16, c'est la calme assurance de Râma que le poète veut mettre en relief :

paçyatâṁ nṛsahasrânâṁ bahûnâṁ, *Raghunandanaḥ*
ârôpayat sa dharmâtmâ salîlam iva tad dhanuḥ.

Le commentaire de *Râmânuja* dit, avec raison, je crois, à cet endroit : *paçyatâm, anâdarê ṣaṣṭhî.*

D'autres fois c'est une indifférence affectée :

Indra, se proposant d'éclairer un muni sur ses véritables devoirs, prend la forme d'un brahmane et se met, en sa présence, à jeter des cailloux dans le Gange (Kath. 40, 16).

âgatya ća sa Gaṅgâyâs taṭâć ćikṣêpa vâriṇi
uddhṛtyôddhṛtya sikatâḥ paçyatas tasya *sôrmiṇi.*
tad dṛṣṭvâ muktamaunas taṁ Tapôdattaḥ sa pṛṣṭavân:
« açrântaḥ kim idaṁ, brahman, karôṣi? » 'ti sakautukaḥ.

Le génitif absolu peint l'apparente indifférence d'Indra, qui feint d'ignorer la présence du muni, alors qu'il n'a d'autre but que d'éveiller sa curiosité.

Semblablement Kath. 15, 33, l'exclamation du *vratin* veut paraître spontanée :

praviṣṭô jâtu bhikṣârtham êkasya baṇijô gṛhê
sa dadarça çubhâṁ kanyâṁ bhikṣâm âdâya nirgatâm.
dṛṣṭvâ ćâdbhutarûpâṁ tâṁ sa kâmavaçagaḥ çaṭhaḥ
« hâ hâ kaṣṭam ! » iti smâha, baṇijas tasya çṛṇvataḥ.
gṛhîtabhikṣaç ća tatô jagâma nilayaṁ nijam.
tatas taṁ sa baṇig gatvâ rahaḥ papraććha vismayât:
« kim adyaitad akasmât tvaṁ maunaṁ tyaktvôktavân? » iti.

Certains cas que je vais citer offrent un point d'attache avec les exemples — dépourvus de tout *anâdara* — dont se compose le groupe A (p. 13). Si ce rapprochement est légitime, comme je le crois, la distinction d'un groupe A n'aurait de raison d'être qu'au point de vue pratique.

On va voir, en effet, que le génitif absolu d'*anâdara* sert fréquemment à l'expression d'un contraste, ce qui s'explique fort aisément. Le fait énoncé dans le génitif absolu est frappé d'*anâdara*, c'est-à-dire qu'il est écarté, infirmé, démenti par le fait suivant, avec lequel il fait antithèse. Or, de cet emploi à celui que nous présente le groupe A, il n'y a qu'une question de degré.

Voici des exemples. MBh. VII 4860 :

«... *dûraṁ yâtaç ća Sâtyakiḥ.* »
tathaivaṁ vadatas tasya *Bhâradvâjasya, mârisa,*[1]
pratyadṛçyata Çainêyô nighnan bahuvidhân rathân.

On sait que Çainêya est un autre nom de Sâtyaki.

Râm. VI 80, 36:

tâm anuvyâharać ćhaktim âpatantîṁ sa Râghavaḥ :
« *svasty astu Laksmanasyêti, môghâ bhava hatôdyamâ!* »
ity êvaṁ dhyâyatas tasya Râghavasya mahâtmanaḥ,
nyapatat sâ mahâvêgâ Lakṣmaṇasya mahôrasi.

De même, dans l'exemple nº 19 *(iti lôkânâṁ jalpatâm)*, les présomptions de la foule se trouvent soudain confondues.

Râm. IV 9, 91. Le singe Sugrîva doute que Râma soit de taille à se mesurer avec Bâlin. Il le conduit près du squelette du géant Dundubhi tué par ce dernier et lui demande comment il espère triompher de l'auteur d'un pareil exploit:

athaivaṁ vadatas tasya Sugrîvasya mahâtmanaḥ,
Râghavô Dundubhêḥ kâyaṁ pâdâṅguṣṭhêna tôlayan
lîlayaiva tadâ Râmaç çikṣêpa çatayôjanam.

---

[1] Le contexte montre qu'il faut ou changer *mâriṣa* en *sâratêḥ*, ou prendre *Bhâradvâjasya* comme régime de *vadatas tasya.* De toute façon il y a génitif absolu.

Râma, sans plus s'inquiéter des objections de Sugrîva, lui répond par un fait tangible, et c'est ce qu'exprime le génitif.

MBh. I 7049:

> êvam̃ têṣâm̃ vilapatâm̃ viprâṇâm̃ vividhâ giraḥ,
> Arjunô dhanuṣô 'bhyâçê tasthau girir ivâćalaḥ.

Les brahmanes disputent, au svayam̃vara de Kṛṣṇâ, pour savoir si l'on doit permettre au jeune Arjuna de tenter l'épreuve de l'arc. Le génitif absolu marque le contraste entre leur agitation et la tranquille fierté du héros.

Evidemment il suffira d'une légère extension pour que ce genre de phrases aboutisse aux exemples du groupe A, où personne, au premier abord, n'aurait soupçonné l'*anâdara*.

Nous avons encore à mentionner deux cas particuliers de l'*anâdara :*

1° Celui où l'on insiste sur le génitif absolu d'*anâdara* au moyen de la particule *êva*. Dans ces conditions, l'idée de *malgré* s'effaçant à cause de son évidence même, l'obstacle dont il s'agit devient, au contraire, une circonstance qui rehausse la portée de l'action.

Hariv. 7464:

> dadarça tatra bhagavân dêvayôdhân durâsadân
> nânâyudhadharân vîrân Nandanasthân Adhô'kṣajaḥ.
> têṣâm̃ sam̃paçyatâm êva Pârijâtam̃ mahâbalaḥ
> utpâṭyârôpayâmâsa Pârijâtâm̃ satâm̃ gatiḥ
> Garuḍam̃ pakṣirâjânam ayatnênaiva Bhârata.

« sous les yeux mêmes des gardiens... »

Kath. 46, 76:

> iti Vidyâdharâḥ Sûryaprabham̃ tê jahasus tadâ.
> têṣâm̃ prahasatâm êva, gatvâ Sûryaprabhêṇa saḥ
> stimitâsyô gṛhîtaç ca kṛṣṭaç câjagarô bilât.

MBh. xv 483:

prêkṣatâm êva vô, *Bhîma, vêpantîm̃ kadalîm iva*
strîdharmiṇîm ariṣṭâṅgîm̃ tathâ dyûtâparajitâm
Duḥçâsanô yadâ maurkhyâd dâsîvat paryakarṣata,
tadaiva viditam̃ mahyam̃ parâbhûtam idam̃ kulam.

2° Le génitif absolu marque souvent les conditions où une chose ne saurait avoir lieu.

Bhâg. Pur. III 18, 3:

na svasti yâsyasy anayâ mamêkṣataḥ, *surâdhama !*

Râm. II 101, 3:

na hi tvam̃ jîvatas tasya *vanam âgantum arhasi.*

Ibid. III 56, 31 :

na çaktas tvam̃ balâd dhartum̃ Vaidêhîm̃ mama paçyataḥ.

Hariv. 14461:

êka êva mahâdvârô gamanâgamanê sadâ.
mudrayâ saha gaćchantu râjñô, yê gantum îpsavaḥ ;
na ćâmudraḥ pravêṣṭavyô[1] dvârapâlasya paçyataḥ.

L'affinité de ce genre de phrases avec l'emploi «anâdarê» est manifeste. En isolant la négation, on obtient en effet le type de l'*anâdara* pur. On peut admettre que la pensée : *na-yâsyasi* × *mamêkṣataḥ* a été conçue d'abord sous la forme: *na* × *yâsyasi-mamêkṣataḥ*.

Ici se placent aussi certaines interrogations qui équivalent pour le sens à des propositions négatives de même nature que celles qu'on vient de voir. Kath. 31, 84:

katham̃ hy êtad, dêvi, syân mama jîvataḥ ?

MBh. VII 6572. Duryôdhana soupçonne Drôṇa d'être de connivence avec l'ennemi.

katham̃ niyaćchamânasya Drôṇasya *yudhi Phâlgunaḥ*
pratijñâyâ gataḥ pâram̃ hatvâ Saindhavam Arjunaḥ?

---

[1] Apparemment pour : *na ćâmudrêṇa pravêṣṭavyam.* Car il serait trop hardi de donner à *pravêṣṭavya* le sens de *pravêçayitavya.*

« Comment, si Drôna s'y était opposé effectivement, Arǵuna eût-il « pu accomplir le vœu qu'il avait fait de tuer Jayadratha? »

Hors des cas que nous venons d'indiquer, le génitif absolu exprimant une *condition* est extrêmement rare.

Signalons le passage où Draupadî supplie Kṛṣṇa de ne point laisser Arǵuna et Bhîma réaliser leurs projets de paix avec les Kurus. Elle rappelle l'outrage sanglant de Duḥçâsana, la saisissant aux cheveux devant la foule assemblée. MBh. v 2906:

> *ayaṁ* (sc. kêçapakṣaḥ) *tê, Puṇḍarîkâkṣa, Duḥçâsanakarô-*
> [*ddhṛtaḥ*
> *smartavyaḥ sarvakâryêṣu*, parêṣâṁ saṁdhim iććhatâm.

Cet exemple pourrait s'entendre aussi comme un génitif absolu « anâdarê ».

Les deux cas qu'il nous reste à mentionner sont assez curieux, car ils contiennent une condition d'un genre tout particulier. C'est l'idée de *si quidem, si modo.* Le fait principal « tient à peu de chose » :

α. En tant que précaire.

MBh. II 1549 seq. Çiçupâla reproche à Bhîsma de ressembler dans sa conduite à l'oiseau *bhûliṅgaçakuni*, dont le cri est: *mâ sâhasam*, pas de témérité ! et qui vit néanmoins des menus morceaux qu'il vient ravir dans la gueule du lion. Il poursuit ainsi:

> « iććhataḥ *sâ hi* siṁhasya, *Bhîṣma, jîvaty asaṁçayam !*
> *tadvat tvam apy adharmiṣṭha sadâ vâćaḥ prabhâṣasê,*
> iććhatâṁ bhûmipâlânâṁ, *Bhîṣma, jîvasy asaṁçayam !*
> *lôkavidviṣṭakarmâ hi nânyô 'sti bhavatâ samaḥ.* »
>
> « pourvu que *le lion y consente*; autant que *c'est son bon plaisir.*»

Citons encore la réponse de Bhîṣma:

> *tataç Cêdipatêḥ çrutvâ Bhîṣmaḥ sakatukaṁ vaćaḥ*
> *uvâćêdaṁ vaćô, râjaṁç, Cêdirâjasya çṛṇvataḥ :*

« iććhatâm̃ *kila nâmâham̃ jivâmy* êṣâm̃ mahîkṣitâm ?
« *sô 'ham̃ na gaṇayâmy êtâm̃s tṛṇênâpi narâdhipân!* »

β. En tant qu'aisé.
Râm. vi 31, 11 :

dravatâm̃ vânarêndrâṇâm̃, *Râmaḥ Saumitriṇâ saha*
avaças tê nirâlambaḥ, Prahasta, vaçam êṣyati.

Ces mots de Râvaṇa à son lieutenant Prahasta ne doivent pas être pris dans un sens où les deux faits en question seraient envisagés comme des réalités prochaines. Une telle interprétation ferait de *dravatâm̃ vânarêndrâṇâm* ou un génitif absolu descriptif (au milieu de la déroute) ou un génitif absolu causal (à la suite de la déroute), deux emplois qui paraissent étrangers en principe à notre construction. Le génitif n'est vraiment explicable que si l'on voit dans cette phrase une conception toute théorique: « *pour peu que* les singes se mettent en déroute..., *qu'ils se mettent en déroute*, et R. sera en ton pouvoir. » [1]

On peut découvrir une intention analogue dans l'étrange génitif absolu du Bhâgavata-Purâṇa cité p. 11 i. n. *(yasya pîtasya)*.

Quelques mots encore sur des applications du génitif absolu que nous tenons pour abusives.

La circonstance qu'énoncent les mots au génitif ne doit point se trouver dans un rapport de *causalité* avec le fait principal.

Au vers vi 100, 10 du Râmâyaṇa,

ity êvam̃ bruvatas tasya *Sîtâ* Râmasya tad vaćaḥ
mṛgîvôtphullanayanâ babhûvâçruparipлutâ,

[1] Voici un locatif absolu d'une nuance absolument pareille : *hêṣitam̃ hy upaçṛṇvânê Drôṇê sarvam̃ vighaṭṭitam* « que D. vienne à entendre un hennissement, et tout est découvert. » MBh. iv 1494.

il semble que ce principe soit violé, et l'on est tenté de traduire: « *sous l'impression* des paroles de Râma... » Mais. il vaut mieux admettre le sens pur et simple de *pendant que*, que nous avons établi plus haut (p. 14). — Le cas se présente d'une façon identique au vers v 25, 54:

> tathâ tâsâm̃ vadantînâm̃ paruṣam̃ dâruṇam̃ bahu
> râkṣasînâm asaumyânâm̃, *rurôda Janakâtmajâ.*[1]

D'autres exemples où le même tour marque, à n'en plus douter, la circonstance déterminante de l'action trouveront leur place dans la Section III, parce qu'il y a des raisons de croire que leur génitif n'est pas, à proprement parler, le génitif absolu.

Nous regardons aussi comme anormal le génitif absolu servant uniquement à *faire image* et n'ajoutant rien au fond de l'idée. Du moins, un tel génitif semble déplacé venant au milieu d'un aphorisme, comme dans les passages ci-après. Il le serait peut-être moins dans un récit.

Mârk. Pur. 22, 42 (= Ind. Spr. n° 6531):

> çôćatâm̃ bândhavânâm̃ *yê niḥçvasantô 'tiduḥkhitâḥ*
> *mriyantê vyâdhinâ kliṣṭâs, têṣâm̃ mâtâ vṛthâprajâ;*
> *sam̃grâmê yudhyamânâ yê 'bhîtâ gôdvijarakṣaṇê*
> *kṣuṇṇâḥ çastrair vipadyantê, ta êva bhuvi mânavâḥ.*

MBh. xiii 3095:

> *krôçantyô yasya vai râṣṭrâd dhriyantê tarasâ striyaḥ*
> krôçatâm̃ patiputrâṇâm̃, *mṛtô 'sau na ća jîvati.*

Au reste, dans ce dernier exemple, la construction absolue n'est pas forcée, le génitif pouvant dépendre de *hriyantê.*[2]

---

[1] Ce çlôka semble, du reste, interpolé. Il n'est que la paraphrase du vers qui le précède dans le texte.

[2] Dans aucun des deux passages il ne serait permis d'introduire une idée d'*anâdara*, sous peine d'en dénaturer le sens.

§ 6. LA RÈGLE DE PÂṆINI.

Le sûtra *ṣaṣṭhî ćânâdarê* (II 3, 38), dans lequel Pâṇini vise la construction absolue du génitif, fait suite au sûtra relatif au locatif absolu: *yasya ća bhâvêna bhâvalakṣaṇam* (tataḥ saptamîti).

Textuellement: « (37) Le terme dont l'action sert à déterminer l'action principale se met au locatif, — (38) ou au génitif, s'il y a acte de passer outre. »[1]

Le scholiaste illustre le sûtra par un exemple et constate qu'en vertu du mot *ća*, l'emploi du génitif n'est que facultatif (cf. p. 11 et 12):

anâdarâdhikê bhâvalakṣaṇê bhâvavataḥ ṣaṣṭhî syât | *ća*-kârât saptamî ća bhavati | *rudataḥ prâvrâjit* | *rudati prâvrâjit* | rudantaṁ putrâdikam anâdṛtya pravajita, ity arthaḥ |

La kâçikâ n'ajoute aucune remarque essentielle. L'exemple *krôçataḥ prâvrâjît* qui s'y trouve cité est intéressant, en ce que les textes confirment l'emploi relativement fréquent de *krôçant-* au génitif absolu, tandis qu'ils ne nous ont fourni qu'un exemple isolé pour *rudant-* (nº 78):

pûrvêṇa saptamyâṁ prâptâyâṁ ṣaṣṭhî vidhîyatê | *ća*-kârât sâpi bhavati | anâdarâdhikê bhâvalakṣaṇê bhâvavataḥ ṣaṣṭhîsaptamyau vibhaktî bhavataḥ | *rudataḥ prâvrâjit* | *rudati prâvrâjit* | *krôçataḥ prâvrâjit* | *krôçati prâvrâjit* | krôçantam anâdṛtya pravajita, ity arthaḥ | .

L'édition du *Mahâbhâṣya* qu'a entreprise M. Kielhorn n'est malheureusement pas encore parvenue jusqu'au sûtra en question.

---

[1] Ainsi que le fait remarquer M. Pischel dans l'article déjà cité (p. 4), Kaććâyana pose pour le pâli une règle toute semblable: *anâdare ćhaṭṭhi vibhatti hoti sattami ća* (III 35), et l'exemple qui l'accompagne concorde à la lettre avec celui du scholiaste de Pâṇini: *rudato dârakassa pabbaji, rudantasmiṁ dârake pabbaji.*

On est forcé de trouver le précepte de Pâṇini d'une part trop exclusif, de l'autre trop indéterminé. Trop exclusif, car l'*anâdara* n'est pas la seule application permise, quoique ce soit la plus caractéristique et celle qui s'affirme avec le plus de conséquence. Trop indéterminé, puisque les restrictions concernant la *nature du sujet* et le *temps du verbe* (voy. §§ 2 et 3) sont passées sous silence.

Quant au choix du terme *anâdara*, il est d'une justesse irréprochable. On a pu s'en convaincre, je l'espère, en suivant l'analyse à laquelle nous nous somme livré plus haut (p. 14 seq.).[1]

Les commentateurs répètent fidèlement la règle du maître partout où l'occasion s'en présente. Voici quelques exemples:

Râm. Calc. III 18, 16:

adyêmâm̃ bhakṣayiṣyâmi paçyatas tava *mânuṣîm.*[2]

Commentaire de Râmânuja : *paçyatas tava, paçyantam̃ tvâm anâdṛtya.* Quelques vers plus bas se trouve *tasya Râmasya paçyataḥ*, mais cette fois sans aucune trace d'*anâdara.* Le scholiaste ne souffle mot. Au vers I 60, 15 (voy. n° 107), l'anâdara est également nul, et le commentaire se contente de dire: *munînâm̃ paçyatâm̃, muniṣu paçyatsu.* En revanche, nous avons vu plus haut (p. 22) un cas très peu différent, où Râmânuja met la note *anâdarê ṣaṣṭhî.*

La phrase:

---

[1] Il y a peut-être quelque intérêt à noter les vers suivants, où l'expression du poète rencontre celle du grammairien :

bhuñjânam annam̃ tam̃ dṛṣṭvâ Bhîmasênam̃ sa râkṣasaḥ
vivṛtya nayanê kruddha idam̃ vaćanam abravît :
« kô 'yam annam idam̃ bhuṅktê madartham upakalpitam
« paçyatô mama *durbuddhir yiyâsur Yamasâdanam?* »
Bhîmasênas tataḥ çrutvâ prahasann iva Bhârata
râkṣasam̃ tam anâdṛtya *bhuṅkta êva parâṅmukhaḥ.*

MBh. I 6277.

[2] L'édition de Gorresio (III 24, 17) porte : *paçyatas tê 'timâninaḥ.*

na çaktas tvam̃ balâd dhartum̃ Vaidêhîm̃ mama paçyataḥ

qui n'offre pas le pur anâdara (v. p. 23) est accompagnée également de la remarque : *mâm̃ paçyantam anâdṛtyêty arthaḥ.*

Çiçupâlavadha 18, 64 (cf. 15, 34) :

kaçćić ćhastrapâtamûḍhô 'parôḍhur [1]
labdhvâ [2] *punaç ćêtanâm, âhavâya* |
vyâvartiṣṭa krôçataḥ sakhyur uććaiḥ.

« Tel guerrier que le coup d'une arme avait étourdi, reprenant « connaissance, retourne au combat malgré les cris de l'ami qui vou« lait l'emporter (loin du champ de bataille). »

Commentaire de Mallinâtha :

kaçćid iti | çastrapâtamuḍhaḥ prahâramûrććhitaḥ kaçćid vîraç ćêtanâm̃ sam̃jñâm̃ labdhvâ [2] aparôḍhur mûrććhâsamayê yuddhabhûmêr apanêtuḥ sakhyur mitrasyôććaiḥ krôçataḥ « âgaććhê » 'ty [3] âkrôçati sati | « ṣaṣṭhî ćânâdarê » iti ṣaṣṭhî | krôçantam anâdṛtyêty arthaḥ | etc.

---

[1] La signification active donnée à ce mot paraît suspecte. Doit-on lire : *apavôḍhur ?*

[2] Imprimé *labdhâ.*

[3] Imprimé *âgaććhaty.*

SECTION II

RECUEIL D'EXEMPLES

§ 7. OBSERVATIONS CRITIQUES.

Le caractère à part du génitif absolu, sa rareté relative, rendent désirable une collection de passages, cités *in extenso*, que nous donnons plus bas. Ces exemples ont dû subir un triage préalable dont il est indispensable de dire quelques mots.

L'extrême liberté qui règne dans la syntaxe des cas en sanscrit donne naissance à des constructions ambiguës, souvent tellement voisines du tour absolu que ce dernier flotte entre des limites assez incertaines. Un sanscritiste éminent, Hermann Brockhaus, ne craignait point, semble-t-il, de faire la part large aux génitifs absolus. Nous en jugeons d'après la seule indication qu'il ait laissée à cet égard, la ponctuation adoptée dans le texte de Sômadêva. A voir la distribution des virgules dans son *Kathâsaritsâgara*, il faut croire que Brockhaus regardait ce tour comme d'un usage tout à fait courant, ce qui est certainement une exagération. Voici, entre autres, copié tel qu'il se trouve dans son édition, le clôka 59, 92 du *Kathâsaritsâgara :*

tatô, mama 'upaviṣṭâyâḥ, *sakhî jñâtôbhayâçayâ*
« *kas tvaṁ? brûhi mahâbhâga !* » *'ity apṛććhat tad-vayasyakam.*

N'est-il pas singulier, étant données les habitudes du sanscrit, de séparer *mama 'upaviṣṭâyâḥ* de *sakhî* pour introduire presque violemment le tour absolu dans la phrase? [1]

---

[1] Je citerai encore les passages suivants où, si j'interprète bien sa ponctuation, B. paraît avoir admis cette construction sans raisons suffisantes :

29, 48. Le génitif dépend de *tad vaćaḥ*, que B. lit *tad-vaćaḥ*. —

Nous nous sommes efforcé surtout, en ce qui nous concerne, de réunir des matériaux purs et concluants. Ce qui n'était que douteux a été rejeté, et, en règle générale, nous avons, devant chaque cas particulier, douté systématiquement du génitif absolu dès qu'il ne s'imposait pas avec évidence.

Néanmoins il faut indiquer brièvement quelques-uns des cas où il est permis d'hésiter. Plusieurs ressemblances trompeuses méritent à tout le moins d'être signalées; certains exemples pourront même donner lieu à discussion. L'examen de ces différents spécimens servira en tous cas à bien marquer la limite que nous ne croyons pas devoir franchir.

Une première série d'exemples, qui peuvent en effet justifier d'une affinité éloignée avec le génitif absolu, seront envisagés à ce dernier point de vue dans la Section III. Nous nous bornons présentement aux cas où le dilemme se pose entre deux constructions radicalement différentes.

A la page 4 il a été fait allusion à un génitif absolu relevé par M. Pischel dans le *Ṛtusaṁhâra* (2, 10) :

sutîkṣṇam uććai rasatâṁ payômućâm
ghanândhakârâvṛtaçarvariṣv api
taḍitprabhâdarçitamârgabhûmayaḥ
prayânti râgâd abhisârikâḥ striyaḥ.

Pischel : « Die frauen, denen durch den glanz des blitzes der weg « gezeigt ist, gehen in folge ihrer leidenschaft zum stelldichein selbst « in den von dichtem dunkel eingehüllten nächten (und) *obwohl* die « wolken stark (und) laut donnern. »

35, 130. Dépend de *tair vaćanaiḥ*. — 37, 34. Dépend de *milanti*. — 37, 238. Dépend de *nikaṭam*. — 43, 163. Dépend de *purataḥ*. — 46, 207. Dépend de *suprakâçâ...abhût*.—48, 103. Dépend de *prajighâya*, ou de *rathân*. — 53, 16. Dépend de *agrataḥ*. — 53, 191. Dépend de *babandha paṭṭam*. — 74, 97. Dépend de *tau turagau*. — Semblablement : 74, 189; — 90, 153; — 104, 152; — 111, 3; — 119, 61; — 123, 127. — Ajoutez 101, 175; 104, 202; 120, 110; qui offrent le génitif duel.

Sans vouloir contester absolument cet exemple, nous croyons qu'il eût été bon d'établir que le génitif *rasatâm̃ payômućâm* ne saurait dépendre ni de *ghanândhakâra-* ni de *taḍitprabhâ-*.[1] Cette possibilité mérite pour le moins d'être prise en considération, car le sujet du génitif absolu étant toujours un être animé (p. 7), l'interprétation de M. Pischel ne serait correcte de toute façon qu'à condition de personnifier le nuage.

Au nombre des tours usuels qu'on pourrait être tenté à tort de prendre pour des génitifs absolus, il faut citer particulièrement :

α. Certains génitifs partitifs qui ne sont pas le complément nécessaire du mot auquel ils se rapportent. MBh. III 17240 (Cf. 12366) :

têṣâm̃ samupaviṣṭânâm̃ *Nakulô duḥkhitas tadâ*
abravîd bhrâtaram̃ jyêṣṭham[2] *amarṣât Kurunandanam.*

Râm. IV 13, 12 (Cf. VI 110, 45) :

têṣâm̃ tu gaććhatâm̃ tatra *tvaritam̃ sumanôharam*
drumaṣaṇḍam athô dṛṣṭvâ Râmaḥ Sugrîvam abravit.

β. Les constructions hardies de génitifs de substance ou autres, comme dans l'exemple suivant (MBh. VI 3957) :

vadhyatâm̃ tava sainyânâm anyô'nyêna mahâraṇê
prâvartata nadî ghôrâ rudhiraughapravâhinî.

γ. Les génitifs régis par un terme sous-entendu. MBh. XV 439 :

---

[1] Les constructions de ce genre sont, comme on sait, fort communes (*patyur vaćanakôpitâ, arćâvyagrô Dhûrjaṭêḥ, — hastabhraṣṭô rakṣiṇâm, — bhrâtuḥ patnyavamantâ, Bharatasya sainyarêṇuḥ, balajñô Râmasya, Agastyasyâçramasamîpê*, etc.).

[2] *çrêṣṭham*, que donne le texte, est certainement fautif.

tanniryânê duḥkhitaḥ pauravargô
Gajâhvayê ćaiva babhûva, râjan, |
yathâ pûrvam̃ gaććhatâm̃ Pâṇḍavânâm̃
dyûtê, râjan, Kauravâṇâm̃ sabhâyâḥ. |

Les mots *gaććhatâm̃ Pâṇḍavânâm* se rapportent à *nîryânê* qu'il faut suppléer d'après *tanniryânê* (« comme lors du départ des Pâṇḍus pour l'exil »).

Râm. Calc. I 73, 28 :

ity uktvâ prâkṣipad râjâ mantrapûtam̃ jalam̃ tadâ
« sâdhu sâdhv » iti dèvânâm ṛṣîṇâm̃ vadatâm̃ tadâ
dêvadundubhinirghôṣaḥ puṣpavarṣô mahân abhût.

Le génitif dépend de *-nirghôṣaḥ*, ainsi que l'indique le commentaire (vadatâm, *çabda âsîd*, iti çêṣaḥ).

δ. Parfois un génitif, possessif ou autre, se trouve résumé à nouveau dans le pronom *tad-* qui entre en composition avec le mot régissant. C'est là, le plus souvent, une simple superfétation qui n'autorise pas en elle-même à conclure au génitif absolu.

Ind. Spr. n° 948 :[1]

âdêyasya pradêyasya kartavyasya ća karmaṇaḥ
kṣipram akriyamâṇasya kâlaḥ pibati tad*rasam.*

Chrest. Benf. p. 120, l. 2 :

êvam̃ tasya râjakriyâyâm̃ vartamânasya tê sim̃hâdayô
mṛgân vyâpâdya tat*purataḥ prakṣipanti.*

Cf. Kath. 60, 124. Bhâg. Pur. V 10, 1. VII 13, 18.

ε. Quelques cas obliques de différents substantifs sont employés continuellement à la manière d'adverbes jetés incidemment dans la phrase : ainsi *pathi* « en route », *yudhi* « dans la bataille », *vêgât* « impétueusement ». On pourra se

---

[1] Cf. la note de Böhtlingk au n° 5370.

demander, le cas échéant, s'il faut restituer à ces mots la valeur de substantifs proprement dits pour avoir un terme auquel rattacher le génitif, — ou considérer ce dernier comme absolu.

Pttr. 127, 5 :

athâdhvani têṣâm̃ pańćânâm api pallîpuramadhyê vrajatâm̃ *dhvâṅkṣâḥ kathayitum ârabdhâḥ : « rêrê Kirâtâ, dhâvata-dhâvata! sapâdalakṣadhaninô yânti; êtân nihatya dhanam̃ nayata!* »

Ici le génitif est probablement indépendant de *adhvani*, et par conséquent absolu. En revanche, dans les deux exemples ci-après, où la question se pose en somme dans les mêmes termes, le génitif est sûrement régi par *mahâhavê* et par *vêgêna*. MBh. IX 530 :

tasmin vilulitê sainyê vadhyamânê parasparam,
dravamâṇêṣu yôdhêṣu, ninadatsu ća dantiṣu,
kûjatâm̃ stanatâm̃ ćaiva padâtînâm̃ *mahâhavê,*
vidrutêṣu, mahârâja, hayêṣu bahudhâ tadâ...
...Pâṇḍavâs tâvakam̃ sainyam̃ vyadhamanta çitaiḥ çaraiḥ.

« dans la mêlée des fantassins bruissants. »

MBh. I 5886 (Cf. III 16342) :

gaććhatas tasya *vêgêna* Târkṣyamârutaram̃hasaḥ
Bhîmasya *Pâṇḍuputrâṇâm̃ mûrććhêva samajâyata.*

« par suite de la vitesse de Bhîma. »

ζ. Autre tour de phrase qui prête à l'équivoque. Il peut se définir ainsi : le mot duquel dépend le participe au génitif se trouve sous-entendu (à l'accusatif) comme régime de ce participe. Hariv. 786 :

açvam̃ praćârayâm âsa vâjimêdhâya dikṣitaḥ.
tasya ćârayataḥ *sô 'çvaḥ samudrê pûrvadakṣiṇê*
vêlâsamîpê 'pahṛtô bhûmim̃ ćaiva pravêçitaḥ.

« equus illius circumagentis (*scil.* equum) raptus est. »

Mârk. Pur. 7, 60 :

bruvann êvaṁ yayau çighram âkarṣan dayitâṁ karê.
karṣatas *tâṁ tatô bhâryâṁ sukumâriṁ çramâturâm*
sahasâ daṇḍakâṣṭhêna tâdayâm âsa Kauçikaḥ.

MBh. vi 4536 :

tasyâ*tha* kurvataḥ *karma mahat saṁkhyê mahîbhrtaḥ*
pûjayâṁ ćakrirê hṛṣṭâḥ praçaçaṁsuç ća Phâlgunim.

Bhâg. Pur. i 10, 31 :

êvaṁvidhâ gadantînâṁ *sa giraḥ* purayôṣitâm
nirikṣaṇênâbhinandan sasmitêna yayau Hariḥ.

Cf. encore MBh. i 8233; Râm. vi 113, 12; Bhâg. Pur. iii 16, 1; iv 11, 3; vii 15, 34. Sans confusion possible avec le génitif absolu: MBh. iii 10723; Bhâg. Pur. vii 13, 25.

Il est à noter que le terme auquel se rapporte le participe au génitif est le plus souvent parfaitement déterminé et connu, ainsi *sô 'çvaḥ*, le cheval dont il vient d'être question, *taṁ bhâryâm*, sa femme, etc. Aussi l'addition du génitif semble-t-elle superflue, et la dureté de la construction s'accroît-elle d'autant.

Pourtant on devine sans peine d'où vient que l'usage réserve cette formule précisément pour cette sorte de cas. Elle n'est autre chose qu'un artifice de syntaxe assez maladroit pour arriver à énoncer un fait accessoire ou un supplément de désignation sans le secours de la proposition relative. La proposition relative, en effet, contient toujours en sanscrit une donnée importante, et modifie foncièrement la portée de la proposition principale. *Le cheval sacré qu'il promenait, sa femme qu'il entraînait*, pourront rarement se rendre au moyen du pronom *ya*. La langue dispose en revanche de deux constructions participiales : celle que fournit l'emploi du passif et celle qui nous occupe en ce moment ;

têna ćâryamâṇaḥ }
tasya ćârayataḥ } *sô 'çvô 'pahṛtaḥ.*
têna kṛṣyamâṇâm̃ }
tasya karṣatas } *tâm̃ bhâryâm atâḍayat.*

Ces deux tours paraissent être entrés dans un rapport mutuel d'équivalence qui aboutit à certaines applications fort bizarres, témoin les exemples ci-dessous. On y voit la première construction remplacée par la seconde, bien que le génitif ne s'y puisse justifier par aucune relation de dépendance, si ce n'est celle, toute fictive, qui s'établit, du fait même de l'action, entre un sujet et un objet quelconques. Kath. 69, 153 :

kṣaṇâć ća nadyâḥ kasyâçćit khagau tau tîram âpatuḥ
muninâdhyâsitam̃ kênâpy arćâvyagrêṇa Dhûrjaṭêḥ.
tatra vyâdhêna kênâpi yântau tau saha dampatî
hatâv êkêna yugapać ćharêṇa bhuvi pêtatuḥ.
âtapatrâmbujam̃ tać ća tadîyam apatat tadâ
munêr arćayatas tasya *Çivaliṅgasya mûrdhani.*

« et le lotus qui leur servait de parasol (çl. 150) vint tomber à l'extré-
« mité du lingam de Çiva *qu'adorait le muni.* » (= *muninârćyamânasya Çivaliṅgasya*).

Chrest. Böhtl. p. 64, v. 118 :

yasminn êva phalê Nâgas, tam êvâbhakṣayat svayam.
tatô bhakṣayatas tasya *phalât kṛmir abhûd aṇuḥ.*

bhakṣayatas tasya phalât = phalât têna bhakṣyamâṇât.

Tous les exemples équivoques précités se sont résolus après examen en génitifs dépendants d'un nom. Les génitifs qui se rattachent au verbe peuvent engendrer aussi des ambiguïtés pareilles.

Pour prononcer sur ces cas en connaissance de cause, il faudrait savoir exactement quels sont les verbes qui comportent un régime direct ou indirect au génitif, ou encore jusqu'à quelle nuance précise ils l'admettent. C'est ainsi que tout un groupe d'exemples, et l'un des plus nombreux, pour être classé avec certitude, demanderait une étude spéciale des constructions permises avec le verbe *âyâti* et ses synonymes. Les phrases dont il s'agit répondent en général au modèle: *têṣâm̃ sam̃jalpatâm âyayau Dêvadattaḥ*. La difficulté est de savoir si l'on a le droit de considérer un tel génitif comme une sorte de régime indirect du verbe *âyâti*. On devra tenir compte de la nature particulière de chaque cas. Aussi une partie des types de ce genre ont-ils été incorporés à la liste des génitifs absolus, tandis que la plupart sont relégués dans la Section III comme renfermant une autre espèce de génitif.

Dans le même ordre, il est bon de constater, pour ne s'y point méprendre, certain abus de la langue qui consiste à s'emparer d'une construction commode, propre à un verbe donné, pour l'étendre à ses synonymes. [1]

Ainsi, en analogie de *mućyatê* « échapper à, se débarrasser de » qui prend assez fréquemment le génitif, on trouve Râm. v, 79, 3 :

na hi nô *jîvatâm̃ gaććhêj jivan sa vanagôćaraḥ*.

(Cf. MBh. VII 1790 : na mê *jîvañ jîvatô* yudhi môkṣyasê.)

hṛṣyatê, s'assimilant à *tuṣyati*, est accompagné du génitif :

êvam̃ tu bruvatâm̃ têṣâm *Aṅgadaḥ samahṛṣyata*.

Râm. v 64, 23.

A l'exemple de *prâdur asti, âvir bhavati*, etc., les verbes *dṛçyatê, pratidṛçyatê* « apparaître » peuvent, à l'occasion, régir le génitif. J'ai néanmoins considéré ce dernier comme absolu dans plusieurs phrases qu'on trouvera plus loin, parce

[1] Ce fait d'*analogie syntaxique* n'est étranger à aucun idiome. Il suffit de rappeler le français populaire *se rappeler de*, provoqué par le synonyme *se souvenir de*; le parisianisme *partir* à *Londres*, calqué sur *aller à Londres*.

qu'il ressort du contexte que l'*apparition* en question ne concerne pas uniquement et directement la personne au génitif.

Il faut être attentif enfin aux corruptions fréquentes du texte. Grâce à la structure particulière de la phrase indienne et au style lâche de l'épopée, la perte d'un hémistiche peut à tout bout de champ transformer en génitif absolu le premier génitif venu. On lit dans le Râmâyaṇa de Gorresio (III 7, 24) :

tasyaivaṁ bruvatô dhṛṣṭaṁ Virâdhasya manasvinî
Sîtâ prâvêpata trastâ pravâtê kadalî yathâ.

Or, entre ces deux hémistiches, l'édition de Calcutta (III 2, 15) en possède un troisième, lequel écarte péremptoirement toute construction absolue :

..çrutvâ sagarvitaṁ vâkyaṁ saṁbhrântâ Janakâtmajâ..

Ajoutons que, dans l'espèce, le génitif, même en suivant la leçon de Gorresio, dépendait presque sûrement de *prâvêpata.*

Une dernière remarque. Le duel confondant dans une même forme le génitif et le locatif, ce nombre se trouve placé d'emblée en dehors de notre recherche. La distinction des deux cas ne serait possible que si l'on se trouvait avoir affaire aux pronoms *nau* et *vâm,* ou à un participe au duel s'accordant avec deux substantifs différents au singulier.

§ 8. ÉNUMÉRATION DES EXEMPLES.

Les citations sont classées, suivant un ordre lexicographique, d'après le verbe du génitif absolu. Les verbes sont autant que possible groupés par synonymes.

Cet ordre aura, entre autres avantages, celui de mettre en évidence le *formulisme* assez développé signalé au § 3. En outre, c'est forcément du verbe et de sa signification que dépend, en une certaine mesure, le genre d'emploi syntaxique du cas absolu: les génitifs absolus renfermant tel verbe auront habituellement tel rôle logique dans la phrase. Ainsi toute la première série (*penser, dire, séjourner*, etc.) qui finit à l'article *krôçati*, se compose en majeure partie d'exemples du groupe A (voy. p. 13). A partir de là, au contraire, on ne rencontre plus guère que des représentants du groupe B.

I. Le prédicat est un participe présent.

Verbe Cintayati.

1. — Pttr. Koseg. 34, 16 (40, 3. Calc.):

ity êvam̃ ćintayatas tasya [Aṣâḍhabhûtêḥ], *Dêvaçarmaṇô 'pi çiṣyaputraḥ kaçćid grâmâd âmantraṇârtham̃ samâyâtaḥ.*

2. — (?). Chrest. Benf. p. 116, l. 5 (Pttr.):

êvam̃ ćintayatas tasya, *çaçakô mandam̃-mandam̃ gatvâ praṇamya tasyâgrê sthitaḥ.*

3. — MBh. vi 2580. Kṛṣṇa pense qu'il est temps d'arrêter l'assaut victorieux de Bhîṣma.

tathâ ćintayatas tasya, *bhûya êva pitâmahaḥ*
prêṣayâm âsa sam̃kruddhaḥ çarân Pârtharatham̃ prati.

4. — Kath. 118, 168:

iti ćintayatas tasya râjńaḥ, *sâ Daityakanyakâ*
jyêṣṭhârćayitvâ Trailôkyaprabhâ Vahnim̃ vyajijńapat.

5. — Ibid. 121, 135 :

êvaṁ Ṭhiṇṭhâkarâlasya tasya ćintayatô hṛdi,
nṛttântê ćhâgabhaṇḍasya Çakraḥ sthânaṁ nyavartata.

6. — Mârk. Pur. 70, 27 :

êvaṁ ćintayatas tasya, *punar apy âha râkṣasaḥ*
praṇâmanamrô râjânaṁ baddhâñjalipuṭô, munê.

(*tasya* = *râjñaḥ*.) Il serait peu plausible de faire dépendre le génitif de *-namraḥ*.

7. — Bhâg. Pur. VI 7, 16 :

êvaṁ ćintayatas tasya Maghônô, *bhagavân gṛhât*
Bṛhaspatir gatô 'dṛçyâṁ gatim adhyâtmamâyayâ.

gṛhât, comme l'indique le contexte, équivaut à *svagṛhât*, et ne régit donc nullement les mots au génitif.

8. — Kath. 18, 356. Cité p. 13.

On ose à peine ranger au nombre des génitifs absolus les phrases informes dont voici quelques échantillons. Les compositeurs de Purâṇas éprouvent une grande satisfaction, notamment dans les morceaux de spéculation métaphysique, à répéter à tort et à travers la formule *êvaṁ ćintayatas tasya*, sans savoir eux-mêmes comment la phrase se terminera. De là des monstruosités :

Mârk. Pur. 47, 14 :

bhûrâdyâṁç ćaturô lôkân pûrvavat samakalpayat.
sṛṣṭiṁ ćintayatas tasya, *kalpâdiṣu yathâ purâ,*
abuddhipûrvakas tasmât *prâdur bhûtas tamômayaḥ etc.*

Hariv. 11428 :

tatô mahâtmâtibalô matiṁ lôkasya sarjanê
mahatâṁ pañćabhûtânâṁ viçvabhûtô vyaćintayat.
tasya ćintayatas tatra tapasâ bhâvitâtmanaḥ
nirâkâçê tôyamayê sûkṣmê jagati gahvarê
îṣat saṁkṣôbhayâm âsa sô *'rṇavaṁ salilê* sthitaḥ.

Cf. Mârk. Pur. 49, 3 (avec *sr̥jati* pour verbe) :

Brahmaṇaḥ sr̥jataḥ pûrvam̃ satyâbhidhyâyinas tathâ
mithunânâm̃ sahasram̃ tu mukhât sô 'thâsr̥jan, munê.

Verbe Tarkayati.

9. — MBh. III 1723 :

tasmin rathê sthitam̃ sûtam̃ taptahêmavibhûṣitam
dr̥ṣṭvâ Pârthô mahâbâhur dêvam êvânvatarkayat.
tathâ tarkayatas tasya Phâlgunasyâ*tha Mâtaliḥ*
sam̃nataḥ praçritô bhûtvâ vâkyam Arjunam abravit. [1]

Verbe Dhyâyati.

10. — Râm. VI 80, 36. Cité p. 21.

abhi-dhyâyati.

On ne peut mentionner que sous toutes réserves Mârk. Pur. 47, 25, d'abord à cause du caractère général de tout ce passage, ensuite à cause du voisinage de *prâdur babhau* qui, selon le sens qu'on lui donnera, pourrait régir le participe.

Verbe Mîmâm̃sati.

11. — Bhâg. Pur. III 13, 23 :

iti mîmâm̃satas tasya Brahmaṇaḥ saha sûnubhiḥ,
bhagavân yajñapuruṣô jagarjâgêndrasam̃nibhaḥ.

Verbe Kathayati.

12. — MBh. XIV 2880 :

tathâ kathayatâm̃ têṣâm̃, *dêvarâjaḥ Puram̃daraḥ*
vavarṣa sumahâtêjâ dr̥ṣṭvâ tasya tapôbalam.

---

[1] Il est difficile de décider si le génitif ne dépend point de *sam̃nataḥ*, ou de *praçritaḥ*.—Dans son écrit *De genetivi in lingua sanscrita.... usu*, p. 53, M. Siecke mentionne ce passage à propos des verbes qui régissent le génitif. A notre étonnement, il fait de *tasya* le régime de *tarkayatas*, en le rapportant, comme on voit, à Mâtali (« *cogitare de* »). Cette interprétation n'atteint en rien la construction absolue, mais de toute façon elle nous semble inadmissible.

13. — Râm. III 23, 4 ;

kathâḥ kathayataṣ tasya saha bhrâtrâ mahâtmanaḥ,
gṛdhrarâjaḥ samâgamya Râghavaṁ vâkyam abravit.

14. — MBh. XIII 4002. Cité p. 8.

Verbe Jalpati.

15. — Pttr. 175 :

athaivaṁ *j*alpatâṁ têṣâṁ, *Citrâṅgô nâma hariṇô lubdhakatrâsitas tasminn êva sarasi praviṣṭaḥ.*

16. — (Génitif possessif?). MBh. VIII 3251 :

abhavad vyâkulaṁ bhîtaṁ putrâṇâṁ tê mahad balam,
« *tiṣṭha-tiṣṭhê* » 'ti *ć*a tataḥ Sûtaputrasya *j*alpataḥ,
nâvatiṣṭhati sâ sênâ vadhyamânâ mahâtmabhiḥ.

17. — Kath. 26, 19. Un brahmane fait un voyage sur mer avec Satyavrata, roi d'une tribu de Dâças. A la vue d'un figuier merveilleux qui émerge de la surface des eaux, celui-ci reconnaît que la barque court vers un tourbillon où elle ne tardera pas à s'engloutir. Il fait part à son compagnon du dernier moyen de salut qui lui reste :

« *tad yâvad dhârayâmy êtad ahaṁ pravahaṇaṁ manâk,*
« *tâvad asyâvalambêthâḥ çâkhâṁ vaṭatarôr drutam...* »
... iti Satyavratasyâsya dhîrasattvasya *j*alpataḥ,
babhûva nikaṭê tasya tarôḥ pravahaṇaṁ tataḥ.

18. — Ibid. 26, 231. Au moment où Jâlapâda et son disciple Dêvadatta se préparent à un repas mystérieux qui les transformera en Vidyâdharas, le premier trouve un prétexte pour éloigner son associé et le frustrer de sa part.

... *tâvan mâṁsam açêṣaṁ tad vratinâ têna bhakṣitam.*
« *kathaṁ sarvaṁ tvayâ bhuktam?* » iti *ć*âtrâsya *j*alpataḥ,
jihmô, vidyâdharô bhûtvâ, Jâlapâdaḥ kham udyayau.

19. — Pan*ć*adaṇḍa*ć*hattraprabandha p. 46 (Abhandlungen der Kgl. Acad. der Wissensch. zu Berlin, 1877) : Le roi-

sorcier Vikramâditya s'est métamorphosé en habitant de Gau*d*a contrefait et misérable. Sous cette forme il épouse la fille d'une bayadère. Ceux qui assistent à la cérémonie plaignent le sort de cette malheureuse, lorsque, à la voix de son grand-trésorier, le roi se révèle sous son véritable aspect.

lôkaiç ćintitam̃: « êṣâ varâkî kim̃ kartum udyatâ, athâbhâginyâḥ putrî êṣâpy abhâginy êvâ? » iti lôkânâm̃ *j*alpatâm, *vyayakaraṇakêna Gauḍika uktaḥ: « dêva Vikramâditya! nijarûpam̃ prakâçaya!* »

sam̃-jalpati.

20. — Râm. VI 72, 42 :

têṣâm̃ sam̃*j*alpatâm êvam̃, *açôkavanikâgatâm*
abhidudrâva Vaidêhîm̃ Râvaṇaḥ krôdhamûrććhitaḥ.

21. — MBh. VII 660 : Yudhis*t*hira est sur le point de tomber au pouvoir de Drôṇa victorieux. Les Kurus se félicitent entre eux, quand arrive Ar*j*una. Sam̃*j*aya, racontant la scène à Dhṛtarâṣ*t*ra, dit :

êvam̃ sam̃*j*alpatâm̃ têṣâm̃ tâvakânâm̃, *mahârathaḥ*
âyâj javêna Kauntêyô rathaghôṣêṇa nâdayan,
çôṇitôdâm̃ rathâvartâm̃ kṛtvâ viçasanê nadîm.

Verbe Bravîti.

22. — MBh. II 1580 :

« *...kruddhâd vâpi prasannâd vâ kim̃ mê tvattô bhaviṣyati?* »
tathâ bruvata êvâsya, *bhagavân Madhusûdanaḥ*
manasâćintayać ćakram̃ daityagarvanisûdanam.

23. — Ibid. III 373 :

« *... kuru mê vaćanam̃, râjan, mâ manyuvaçam anvagâḥ.* »
êvam̃ tu bruvatas tasya Maitrêyasya, *viçâmpatê,*
ûrum̃ gajakarâkâram̃ karêṇâbhijaghâna saḥ
Duryôdhanaḥ, smitam̃ kṛtvâ, ćaraṇênôllikhan mahîm.

24. — Ibid. III 12562 :

tathaiva bruvatas tasya, *pratyadṛçyata Kêçavaḥ*
Çaivyasugrîvayuktêna rathêna rathinâm varaḥ.

tasya désigne un brahmane qui annonçait aux Pâṇḍus la venue prochaine de Kṛṣṇa.

25. — Râm. VI 100, 10. Cité p. 25.

brûtê.

26. — Râm. I 32, 9 :

Râmasyaivam bruvâṇasya tvaritasya yuyutsayâ,
prajajvâla tadâ vêdiḥ sôpâdhyâyapurôhitâ.

Commentaire (éd. Calc. I 30, 8) : idam *j*valanam râkṣasâgamanasû*ć*aka utpâta, ity âhuḥ.

27. — Râm. Calc. III 68, 17 (Cf. III 73, 22 Gorr.):

« *putrô Viçravasaḥ sâkṣâd, bhrâtâ Vaiçravaṇasya ća...* »
ity uktvâ durlabhân prâṇân mumôća patagêçvaraḥ.
« *brûhi-brûhi!* » 'ti Râmasya bruvâṇasya kṛtâñjalêḥ
tyaktvâ çarîram gṛdhrasya prâṇâ jagmur vihâyasam.

Verbe Sam-Bhâsatê.

28. — MBh. III 16731 :

êvam sambhâṣamâṇâyâḥ Sâvitryâ bhô*j*anam prati,
skandhê paraçum âdâya Satyavân prasthitô vanam.

29. — Râm. V 89, 52 :

têṣâm sambhâṣamâṇânâm anyô'nyam, *sa Vibhîṣaṇaḥ,*
uttaram tîram âsâdya jaladhêḥ, khê vyavasthitaḥ.

Verbe Vi-Lapati.

30. — Bhâg. Pur. IX 9, 33 :

êvam karuṇabhâṣiṇyâ vilapantyâ anâthavat,
vyâghraḥ paçum ivâkhâdat Saudâsaḥ çâpamôhitaḥ.

Le régime, savoir *brâhmaṇam*, est sous-entendu.

31. — MBh. I 7049. Cité p. 22.

lâlapyati.

32. — MBh. I 968 (Chrest. Böhtl. p. 48):

êvaṁ lâlapyatas tasya bhâryârthê duḥkhitasya ha,
dêvadûtas tadâbhyêtya vâkyam âha Rurum̃ vanê.

Verbe Vadati.

33. — Pttr. 131:

êvaṁ vadatas tasya, *sa lubdhakas tatra vaṭatala âgatya, jâlam̃ prasârya, sinduvârasadṛçâm̃s taṇḍulân prakṣipya, nâtidûram̃ gatvâ nibhṛtaḥ sthitaḥ.*

34. — MBh. III 15434:

ity êvaṁ vadatas tasya tadâ Durvâsasô munêḥ,
dêvadûtô vimânêna Mudgalam̃ pratyupasthitaḥ.

35. — Râm. Calc. I 55, 25 (ibid. Schleg.). Il s'agit des disciples de Vasiṣṭha, des gazelles et des oiseaux de son ermitage, que les armes divines de Viçvâmitra ont mis en fuite:

vidravanti bhayâd bhîtâ nânâdigbhyaḥ sahasraçaḥ.
Vasiṣṭhasyâçramapadam̃ çûnyam âsîn mahâtmanaḥ;
muhûrtam iva niḥçabdam âsîd îriṇasam̃nibham
vadatô vai Vasiṣṭhasya « *mâ bhair ! » iti muhurmuhuḥ*
« *nâçayâmy adya Gâdhêyam̃ nîhâram iva bhâskaraḥ.* »
êvam uktvâ etc...

Commentaire : vadatô vai, vadatô pîty arthaḥ | tâdṛçasyâpi Vasiṣṭhasya vaćanam anâdṛtya dudruvur, ity arthaḥ.

36. — Bhâg. Pur. IV 2, 33 :

tasyaivaṁ vadataḥ çâpaṁ Bhṛgôḥ, *sa bhagavân Bhavaḥ*
niçćakrâma tataḥ kim̃ćid vimanâ iva sânugaḥ.

37-39. — Râm. IV 9, 91 (cité p. 21). Râm. V 25, 54 (p. 26). MBh. VII 4860 (p. 21).

40. — Pttr. Koseg. 242, 9 (303 Calc. avec la leçon *pravadataḥ*) :

tatô drutataraṁ gatvâ tam avôćata : «bhô kô bhavân? kim êvaṁ çirasi bhramatâ ćakrêṇa tiṣṭhasi?...» êvaṁ tasya vadatas *tać ćakraṁ tatkṣaṇâd êva tanmastakâd brâhmaṇaçirasi samârurôha.*

tasya et *brâhmaṇa-* dans *brâhmaṇaçirasi* se rapportent à une même personne. La construction est bizarre, mais elle le serait plus encore, si l'on n'admettait pas le génitif absolu.

pra-vadati.

41. — Pttr. 180 :

êvaṁ tasya pravadata, *âkarṇapûritaçarâsanô lubdhakô 'py upâgataḥ.*

Ce génitif ne dépend point de *upâgataḥ*, car *tasya* désigne la tortue, et c'est la gazelle que le chasseur poursuit.

Verbe Tiṣṭhati.

42. MBh. IX 3051:

tathâ tu tiṣṭhatâṁ têṣâṁ, *Nâradô bhagavân ṛṣiḥ*
âjagâmâtha taṁ dêçaṁ yatra Râmô vyavasthitaḥ.

Verbe Vasati.

43. — Râm. I 1, 42 :

vasatas tasya Râmasya vanê vanaćaraiḥ saha,
ṛṣayô 'bhyâgaman sarvê vadhâyâsurarakṣasâm
Râmaṁ kamalapatrâkṣaṁ çaraṇyaṁ çaraṇaiṣiṇaḥ.

44. — Hariv. 7000. Douteux ; cf. p. 40 en haut.

vasatas tasya Kṛṣṇasya sadârasyâmitauǰasaḥ
sukhâsînasya Rukminyâ, *Nâradô 'bhyâgamat tataḥ.*

— MBh. IX 2796 :

asmin khalu, mahâbhâgê, çubhê tîrthavarê, 'naghê,
tyaktvâ saptarṣayô ǰagmur Himavantam Arundhatim.

tatas tê vai mahâbhâgâ gatvâ tatra susaṁçitâḥ
vṛttyarthaṁ phalamûlâni samâhartuṁ yayuḥ kila.
têṣâṁ vṛttyarthinâṁ tatra vasatâṁ Himavadvanê
anâvṛṣṭir anuprâptâ tadâ dvâdaçavârṣiki.
tê kṛtvâ ćâçramaṁ tatra nyavasanta tapasvinaḥ.

Ici le génitif dépend, comme dans d'autres exemples réservés pour la section III, des mots *anâvṛṣṭir anuprâptâ.* Aussi ce passage n'aurait-il pas été mentionné, si divers indices ne semblaient établir que l'ordre des hémistiches y est interverti. Je ne puis entrer ici dans une discussion détaillée ; je me contente de suggérer la transposition suivante, par laquelle nous obtiendrions un véritable génitif absolu :

. . . . . (1 çlôka perdu.)
tê kṛtvâ ćâçramaṁ tatra nyavasanta tapasvinaḥ.
asmin khalu, mahâbhâgê, çubhê tîrthavarê, naghê,
anâvṛṣṭir anuprâptâ tadâ dvâdaçavârṣikî.
tatas tê vai mahâbhâgâ, gatvâ, tatra susaṁçitâḥ
tyaktvâ saptarṣayô jagmur Himavantam Arundhatîm.
vṛttyarthaṁ phalamûlâni samâhartuṁ yayuḥ kila.
têṣâṁ vṛttyarthinâṁ tatra vasatâṁ Himavadvanê,
Arundhaty api kalyâṇî tapônityâbhavat tadâ.

ni-vasati.

45. — MBh. I 3731 :

tatrâvasan bahûn kâlân Bhâratâ durgam âçritâḥ.
têṣâṁ nivasatâṁ tatra sahasraṁ parivatsarân,
athâbhyagaććhad Bhâratân Vasiṣṭhô, bhagavân ṛṣiḥ.

Verbe Karôti.

46. — Mârk. Pur. 21, 48 :

kurvatô mama rakṣâṁ *ća munînâṁ dharmaćâriṇâm,*
vighnârtham âgataḥ kô 'pi saukaraṁ rûpam âsthitaḥ.
mayâ sa viddhô bâṇêna, etc.

Comme *vighna* marque spécialement le fait de troubler *les cérémonies du culte*, le génitif *kurvatô mama* ne saurait être régi ni par *vighnârtham* ni par *âgataḥ*.

47. — Ibid. 130, 19 :

tasyaivaṁ kurvatô râjyaṁ samyak pâlayataḥ prajâḥ,
tapasvî kaçćid abhyêtya tam âha, munisattama :
« pitur mâtâ tavâhêdam, etc. . . »

48. — MBh. III 10934 :

purâ Kṛtayugê, tâta, vartamânê bhayaṁkarê,
Yamatvaṁ kârayâm âsa Ādidêvaḥ purâtanaḥ.
Yamatvaṁ kurvatas tasya Dêvadêvasya 'dhîmataḥ,
na tatra mriyatê kaçćij jâyatê vâ tathâćyuta.
vardhantê pakṣisaṁghâç ća, tathâ paçugavêḍakam,
gavâçvaṁ ća mṛgâç ćaiva, sarvê tê piçitâçanâḥ,
tathâ, puruṣaçârdûla, mânuṣâç ća, paraṁtapa,
sahasraçô hy ayutaçô vardhantê salilaṁ yathâ.

On ne comprend pas bien cette prodigieuse multiplication des espèces, puisqu'il est dit que la mort et la reproduction avaient également cessé. Sans que pour cela le génitif absolu soit douteux, il semble que les mots dont il est suivi aient subi quelque altération.[1]

49. — Pańćadaṇḍaćhattraprabandha, p. 52 :

aṇuvarô 'pi tasminn avasarê têṣâṁ kalahaṁ kurvatâṁ *çûnyagṛhê sarvaṁ rasavatyâdi bhuktvâ râjńaḥ samipam âgatyôpaviṣṭaḥ.*

Weber : « Bei der Gelegenheit, während sie so zankten und das « Haus leer war, verzehrte auch der Bräutigamsführer (?) die ganze « Küche, etc., ging dann wieder zum König und setzte sich. »

---

[1] Lire par exemple : *jâyatê ća tathâpy uta, jâyatê ća prajâpy uta ?* — Plus loin, peut-être *pannagaçârdûlâ(ḥ)* au lieu de *puruṣaçârdûla.*

Verbe Pâlayati.

50. — Bhâg. Pur. I 17, 45 :

itthaṁbhûtânubhâvô 'yam Abhimanyusutô nṛpaḥ,
yasya pâlayataḥ kṣauṇîṁ *yûyaṁ sattrâya dîkṣitâḥ.*

Cf. le n° 47.

Verbe Gacchati.

51. — Hitôp. p. 46, l. 17 :

tatô gaćchatas tasya *Sudurganâmni parvatê mahâraṇyê Saṁjîvakô bhagnajânur nipatitaḥ.*

On lit dans le récit correspondant du Kathâsaritsâgara (60, 12-13):

tasyaikadâ baṇijyârthaṁ gaćchatô Mathurâṁ purîm
bhâravôḍhâ dhuraṁ karṣan bharêṇa yugabhaṅgataḥ
giriprasravaṇôdbhûtakardamê skhalitaḥ pathi
Saṁjîvakâkhyô vṛṣabhaḥ papâtâṅgair vićûrṇitaiḥ.

Ici le génitif s'accorde sans difficulté avec *vṛṣabhaḥ.*

Verbe Carati.

52. — Hariv. 1221 :

têṣâṁ tatra vihaṁgânâṁ ćaratâṁ sahaćâriṇâm,
Nipânâm îçvarô râjâ Vibhrâjaḥ Pauravânvayaḥ..
.. çrîmân antaḥpuravṛtô vanaṁ tat pravivêça ha.

vi-ćarati.

53. — MBh. I 5248 :

atha Drôṇâbhyanujñâtâḥ kadâćit Kurupâṇḍavâḥ
rathair viniryayuḥ sarvê mṛgayâm, arimardana.
tatrôpakaraṇaṁ gṛhya naraḥ kaçćid yadṛććhayâ
râjann, anujagâmaikaḥ çvânam âdâya Pâṇḍavân ;
têsâṁ vićaratâṁ tatra tattatkarmaćikîrṣayâ,
çvâ ćaran sa vanê gûḍhô Naiṣâdiṁ prati jagmivân.

Le Naiṣâdi Êkalavya est un personnage qui vit retiré dans la forêt et dont il a été question précédemment.

(Verbe Pra-Viçati.)

Kath. 38, 137 et 142. Le roi Vikramâditya, de Pâṭaliputra, a juré qu'il vaincrait et abaisserait à ce point Narasiṁha, roi de Pratiṣṭhâna, que ce dernier lui serait annoncé en humble serviteur à sa porte (*yathâ sa vandimâgadhair dvâri sêvakô mê nivêdyatê*). Désespérant bientôt d'y réussir par la force des armes, et voulant cependant s'acquitter de son vœu, il se rend *incognito* à Pratiṣṭhâna, se met dans les bonnes grâces de la courtisane Madanamâlâ, et concerte avec elle la ruse indiquée dans ce qu'on va lire :

... gaṇikâtha svân âhûyôvâća vandinaḥ :
« *Narasiṁhô yadâ râjâ gṛham êṣyati mê, tadâ*
« *dvârasaṁnihitair bhâvyaṁ bhavadbhir dattadṛṣṭibhiḥ:*
« « *dêva ! bhaktô 'nuraktaç ća Narasiṁhanṛpas tvayi !* »
« *iti vâćyaṁ ća yuṣmâbhis* tasya praviçatô *muhuḥ*.. »

Au vers 142 :

Narasiṁhanṛpô hitvâpy[1] *âgâd draṣṭuṁ sa tadgṛham.*
pratîhârâniṣiddhasya tasya praviçatô 'tra *ća*
â vahirdvâratas târam ûćuḥ sarvê 'pi vandinaḥ :
« *Narasiṁhô nṛpô, dêva, praṇatô, bhaktimân* » *iti.*
tać ća çṛṇvan sa sâmarṣaḥ saçaṅkaç ćâbhavan nṛpaḥ, etc.

Le tour absolu semble si certain dans les deux exemples précités que nous ne pouvions nous dispenser de les mentionner à cette place, quitte à présenter ensuite nos observations.

Le génitif, inutile de le dire, n'est point régime de *vać*, mais on peut supposer qu'il a été amené indirectement par la

---

[1] *hitvâpi*, parce que Narasiṁha avait interrompu ses relations avec Madanamâlâ.

présence de ce verbe. Un autre cas tout semblable est consigné ci-après sous *vrajati.*

Il arrive en effet parfois, quand l'action verbale est de celles qui appellent deux compléments différents, de voir donner à l'un la construction propre à l'autre; véritable quiproquo, qui n'est guère possible, du reste, qu'au cas où le second complément est absent de la phrase. Ainsi on trouve : *prâṇinâm̃ hanyamânânâm̃... kôpitêṣu mahâtmasu* (Bhâg. Pur. III 14, 39), littéralement « irrités *contre* les êtres tués » pour « irrités *au sujet* ou *à la vue* des êtres tués ». Par réminiscence de *amitrâd bhêtum, maraṇâd bhêtum,* avoir peur *de* l'ennemi, *de* la mort, on a dit *jîvitâd bhêtum,* avoir peur *pour* sa vie (Râm. VI 1, 28). C'est peut-être au même phénomène, dont nous verrons encore un exemple intéressant dans la section III, qu'il faut attribuer RV. VIII 1, 5 : *parâ çulkâya dêyâm na sahasrâya* (pour *çulkêna,* par attraction de *putrâya dadâmi*). [1]

Dans la phrase qui nous occupe, il est bien vraisemblable qu'une inadvertance de même genre a fait employer le génitif, c'est-à-dire la construction la plus courante avec le verbe *vać*, quand même l'idée à exprimer n'était pas « dire à quelqu'un », mais « dire *devant quelqu'un* (à un tiers). » [2]

(Verbe Vrajati.)

Pttr. 127, 5. En citant ce passage à la page 37, après avoir écarté la possibilité d'un lien avec *adhvani,* nous avons considéré le génitif *têṣâm̃ vrajatâm* comme absolu, afin de ne

---

[1] Il y a quelque analogie entre ces faits et la confusion populaire des expressions françaises *commencer par, commencer à.*

[2] *Dire de quelqu'un* se trouve même rendu par le génitif, grâce sans doute au même *lapsus* syntaxique (Râm. IV 58, 13. Kath. 49, 221. Bhâg. Pur. V 14, 41. V 15, 7. V 26, 3).

point compliquer la question. Mais il suffit de se reporter à la page indiquée pour voir que le cas est de tous points semblable à celui qui vient d'être traité sous *praviçati*, et qu'il suggère les mêmes remarques.

Verbe Juhôti.

Râm. VI 19, 40 et 52, 21. Douteux.

(19, 40) *juhvatas tasya tatrâgnau raktôṣṇîṣâmbarasrajaḥ*
âjahrus tatra saṁbhrântâ râkṣasâ yatra Râvaṇiḥ
çastrâṇi çitadhârâṇi samidhô 'tha vibhîtakân, etc.

(52, 21) *juhvatas tasya tatrâgniṁ raktôṣṇîṣadharâs trayaḥ*
âjagmur atha saṁbhrântâ râkṣasâ yatra Râvaṇiḥ
çastrâni, etc.

Il faut lire probablement aux deux endroits :

juhvatas tasya tatrâgnim raktôṣṇîṣâmbarasrajaḥ
âjahrus tatra saṁbhârân râkṣasâ yatra Râvaṇiḥ,
çastrâṇi, etc.

Vu les mots *yatra Râvaṇiḥ*, le génitif est peut-être absolu.

Verbe Tapasyati.

54. — Kath. 28, 27 :

âsît kô 'pi purâ kântê kutrâpy upavanê yatiḥ
anujâhnavi [1] *vairâgyaniḥçêṣanikaṣêććhayâ.*
tapasyataç *ća kô 'py* asya *râjâ tatraiva daivataḥ*
vihartum âgataḥ sâkam avarôdhabadhûjanaiḥ.

Verbe Yajati.

On pourrait facilement réunir dans cet article des exemples nombreux, mais qui n'inspirent qu'une confiance limitée.

---

[1] Si cette leçon est la vraie, *anujâhnavi* ne peut être qu'un adverbe tiré de *Jâhnavî* et formé comme *anuvêdi*, *pratiyâmini*.

Différentes formules, appartenant notamment au cycle des *gâthâs*, renfermaient *yajataḥ* ou *yajamânasya*. Ces tours de phrase, insérés ensuite avec plus ou moins de bonheur dans un texte, donnent naissance çà et là à des génitifs absolus d'un genre douteux. MBh. III 8390 :

api ċâtra mahârâja svayaṁ Viçvâvasur jagau
imaṁ çlôkaṁ tadâ, vîra, prêkṣya dîksâṁ mahâtmanaḥ :
« yajamânasya vai dêvâṅ Jamadagnêr mahâtmanaḥ,
« *âgamya saritô viprân madhunâ samatarpayan.* »

Ibid. IX 2192 :

yajatas tasya *sattrêna sarvakâmasamṛddhinâ,*
manasâ ċintitâ hy arthâ dharmârthakuçalais tadâ
upatiṣṭhanti, râjêndra, dvijâtiṁs tatra tatra ha.

Ibid. XII 928 :

Aṅgasya yajamânasya tadâ Viṣṇupadê girau,
amâdyad Indraḥ sômêna, dakṣiṇâbhir dvijâtayaḥ.

Ce dernier refrain est très fréquent, et dans d'autres variantes il ne contient plus trace de tour absolu. MBh. III 8331 :

Nṛgasya yajamânasya pratyakṣam, iti naḥ çrutam,
amâdyad Indraḥ sômêna, dakṣiṇâbhir dvijâtayaḥ.

Une série de ces constructions mal déterminées se trouve MBh. IX 2205-2211.

Verbe âstê.

55. — Râm. Calc. III 17, 5 :

tathâsînasya Râmasya kathâsaṁsaktaċêtasaḥ,
taṁ dêçaṁ râkṣasî kâċid âjagâma yadṛċċhayâ.

Verbe Vi-Çrâmyati.

56. — Râm. I 62, 2 :

tasya viçrâmyatas tatra, *Çunaḥçêphô mahâdyutiḥ*
puṣkaraṁ Jyêṣṭham âgamya Viçvâmitraṁ dadarça ha.

Variante : *tasya viçramamânasya* dans l'édition de Calcutta, et dans la Chrestomathie de Böhtlingk p. 90 (texte de Bombay).

Verbe Krôçati.

57. — MBh. III 15214 :

pratyakṣaṁ tava, Gândhârê, sasainyasya, viçâmpatê,
Sûtaputrô 'payâd bhîtô Gandharvâṇâṁ tadâ raṇât,
krôçatas tava, *râjêndra,* sasainyasya, *nṛpâtmaja.*

58. — Ibid. VIII 2392 :

tân abhidravatô dṛṣṭvâ Pâṇḍavâṁs tâvakaṁ balam
Duryôdhanô, mahârâja, vârayâm âsa sarvaçaḥ.
yôdhâç ća svabalaṁ ćaiva samantâd, Bharatarṣabha,
krôçatas tava putrasya *na sma, râjan, nyavartata.*

59. — MBh. XII 5630. Paroles d'Indrôta Çaunaka au roi Janamêjaya, coupable de *brahmahatyâ*, avant d'accueillir sa demande d'expiation.

na bhayân na ća kârpaṇyân na lôbhât tvâm upâhvayê;
tâṁ mê daivîṁ giraṁ satyâṁ çṛṇu tvaṁ brâhmaṇaiḥ saha.
sô 'haṁ na kênaćić ćârthî tvâṁ ća dharmâd upâhvayê
krôçatâṁ sarvabhûtânâṁ « *hâ-hâ dhig* » iti *jalpatâm.*
vakṣyanti mâm adharmajñaṁ, tyakṣyanti suhṛdô janâḥ, etc.

— MBh. VII 3747 mérite d'être noté, quoique le génitif y soit probablement apposition de *naḥ :*

sarvakṣattrasya miṣatô rathênaikêna daṁçitau
bâlakrîḍanakênêva kadarthîkṛtya nô balam
krôçatâṁ yatamânânâm *asaṁsaktau paraṁtapau*
darçayitvâtmanô vîryaṁ prayâtau sarvarâjasu.

60. — Bhâg. Pur. III 19, 35 :

yô gajêndraṁ jhaṣagrastaṁ dhyâyantaṁ ćaraṇâmbujam
krôçantînâṁ karêṇûnâṁ *kṛććhratô 'môćayad drutam,*
taṁ... kô na sêvêta?

61-62. — MBh. x 197, cité p. 17. Çiçupâlavadha 18, 64, cité p. 29. Cf. MBh. XIII 3095 (p. 26).

vi - krôçati.

63. — MBh. VII 6005 :

vâryamâṇaḥ sa Kṛṣṇèna Pârthêna ća mahâtmanâ,
.. Karṇêna, Vṛṣasênêna, Saindhavêna tathaiva ća,
vìkrôçatâm̃ ća sainyânâm, *avadhît tam̃ yatavratam.*

Verbe Jîvati.

64. — MBh. XIII 2455. Pour la question proposée cf. Manu IX 97 :

« *kanyâyâḥ prâptaçulkâyâḥ çulkadaḥ praçamam̃ gataḥ,*
« *pâṇigrahitâ ćânyaḥ syâd : atra nô dharmasam̃çayaḥ...* »
tân èvam̃ bruvataḥ sarvân Satyavân vâkyam abravît :
« *yatrèṣṭam̃ tatra dêyâ syân, nâtra kâryâ vićâraṇâ;*
« *kurvatè* jîvatô *'py êvam̃, mṛtê naivâsti sam̃çayaḥ..* »

65. — Ibid. VII 4809 :

katham̃ ća mama putrâṇâm̃ jîvatâm̃ *tatra, Sam̃jaya,*
Çainêyô 'bhiyayau yuddhê, tan mamâćakṣva Sam̃jaya.

66. — Râm. V 19, 29 :

Râghavasyâpramêyasya Lakṣmaṇasya *ća* jîvataḥ
yadi Sitâpi duḥkhârttâ, kâlaḥ sa duratikramaḥ.

api appartient par le sens au premier hémistiche. A la place qui lui est donnée on attendrait plutôt *tathâpi.*

67. — Ibid. V 69, 12 :

yathâham̃ tasya vîrasya balâd upadhinâ hṛtâ,
jîvatâm̃ rakṣasâm êva, *tathâ nârhati Râghavaḥ.*

Littéralement : Cette situation qui fait que je me trouve arrachée à ce héros par force et par ruse, alors que les Rakṣas vivent encore, Râma ne la mérite point (ou peut-être : cette situation n'est pas digne de Râma).

68-70. — MBh. v 374, cité p. 18. Râm. II 101, 3 (p. 23). Kath. 31, 84 (p. 23).

— (?). Kath. 113, 40 :

aprâptakâmô hy arthî mê *katham̃ yâsyati* jîvataḥ ?

Verbe Icchati.

71-72. — MBh. II 1549, 1550, 1552 ; cités p. 24. MBh. v 2906 (p. 24).

aniććhataḥ, aniććhatâm.

73. — MBh. XIII 1056 :

aniććhatas tava, *vibhô, janma mṛtyur anêkaçaḥ.*

74. — Bhâg. Pur. IV 30, 43 :

iti Praćêtôbhir abhiṣṭutô Hariḥ prîtas tathêty âha çaraṇya-
[vatsalaḥ.
aniććhatâm̃ *yânam* atṛptaćakṣuṣâm̃ *yayau svadhâmânapavar-*
[gavîryaḥ.

75. — Ibid. VIII 21, 14 ; cité p. 16.

Verbe Hasati.

76. — Kath. 61, 43 (dans les *murkhakathâs*) :

tać ćûrṇam̃ tasya durbuddhêr ôṣṭhau çmaçrûṇi ćâlipat;
hasatas tu janasya, *asya mukham̃ dhavalatâm̃ yayau.*

Nous avons reproduit la ponctuation de Brockhaus. Ce texte nous inspire quelques doutes. L'aspect général de la phrase rappelle le vers 61, 13, où on lit :

... tasyâbhavan mukham
tâdṛg êva, sahâsasya lôkasyâsît punaḥ smitam (sc. *mukham*)

Cette ressemblance suggère la correction *hasanaṁ tu* à la place de *hasatas tu.*[1] On aurait de la sorte :

hasanaṁ tu janasya, asya mukhaṁ dhavalatâṁ yayau.

Littéralement : « la bouche des gens passa au rire, la sienne à la blancheur. » Quoi qu'on pense de cette conjecture, le génitif absolu en question est d'un genre insolite et suspect.

pra-hasati.

77. — Kath. 46, 76. Cité p. 22.

Verbe Rôditi.

78. — Bhâg. Pur. III 30, 19 :

êvaṁ kuṭumbabharaṇê vyâpṛtâtmâjitêndriyaḥ
mriyatê rudatâṁ svânâm *uruvêdanayâstadhîḥ.*

C'est le seul passage que nous ayons recueilli pour ce participe que les scholiastes de Pâṇini aiment à placer dans leurs exemples de génitif absolu. Notons toutefois Mârk. Pur. 135, 14, où le locatif ne tient qu'au point d'anusvâra :

« *hâ-hê* » *'ti ćêndrasênâyâṁ rudantyâṁ bâṣpagadgadam*
ćakarṣa kôpât[2] *khaḍgaṁ ća vâkyaṁ ćêdam uvâća ha.*

Verbe Çôcati.

79. — Mârk. Pur. 22, 42. Cité p. 26.

anu-çôćati.

— Bhâg. Pur. VI 16, 1:

atha dêvarṣi, râjan, saṁparêtaṁ nṛpâtmajam
darçayitvêti hôvâća jñâtînâm anuçôćatâm :
« *jîvâtman! paçya, bhadraṁ tê, mâtaraṁ pitaraṁ ća tê*, etc.»

---

[1] Les manuscrits mettent continuellement les nasales au lieu de l'anusvâra, et *hasanantu* pouvait très facilement se lire *hasatastu.*

[2] Lire : *kôṣât.*

Quoique le richi soit censé parler au mort, il est évident qu'il s'adresse en réalité à la famille qui l'entoure, de sorte que *jñâtînâm anuçôćatâm* dépend probablement de *uvâća*.

Verbe Varṣati.

80. — MBh. III 10299 :

sikatâ vâ yathâ lôkê, yathâ vâ divi târakâḥ,
yathâ vâ varṣatô *dhârâ asaṁkhyêyâḥ sma kênaćit :*
tathaiva tad asaṁkhyêyaṁ dhanaṁ yat pradadau Gayaḥ.

Passage parallèle, Mârk. Pur. 15, 71 :

abbindavô yathâmbhôdhau, yathâ vâ divi târakâḥ,
yathâ vâ varṣatô *dhârâ, Gaṅgâyâṁ sikatâ yathâ.*

81. — MBh. XIII 5340 :

yâvadvarṣasahasraṁ vai Jambudvîpê pravarṣati,
tâvatsaṁvatsarâ prôktâ brahmalôkê 'sya dhîmataḥ.
vipruṣaç ćaiva yâvantyô nipatanti nabhastalât
varṣâsu varṣatas, *tâvan nivasaty amaraprabhaḥ.*

Sur ces génitifs absolus, que je ne donne pas pour indiscutables, le lecteur voudra bien voir les remarques présentées à la page 7. — Un locatif absolu *varṣati* se rencontre Bhâg. Pur. IX 2, 4 :

êkadâ prâviçad gôṣṭhaṁ çârdûlô niçi varṣati.

Verbe Îkṣati.

82. — Bhâg. Pur. III 18, 3. Cité p. 23.

(*apêkṣati.*)

— Bhâg. Pur. I 15, 50 :

Draupadî ća tadâjñâya patînâm anapêkṣatâm
Vâsudêvê bhagavati hy êkântamatir âpa tam.

Burnouf fait de *patînâm anapêkṣatâm* un génitif absolu. Voici sa traduction : « Drâupadî, que ses époux avaient « abandonnée, apprenant ces nouvelles *(tad âjñâya)* et fixant « sa méditation sur Bhagavat, fils de Vasudêva, obtint de « même de se réunir à lui. »

C'est peut-être pécher par excès de prudence, mais la netteté même avec laquelle ce génitif absolu coupe la phrase, n'étant pas justifiée par un usage fréquent de *apêkṣant-* en de telles formules, nous paraît quelque peu suspecte. Il n'est pas ordinaire non plus que le génitif absolu marque *le motif* de l'action (v. p. 25 seq.). C'est pourquoi nous voudrions voir dans *anapêkṣatâm* un substantif, synonyme de *anapêkṣâm*, dérivé de l'adjectif *anapêkṣa :* « Draupadî, reconnaissant alors l'indifférence de ses époux, etc.. »

nir-îkṣati.

83. — Bhâg. Pur. III 21, 34 :

niriksatas tasya *yayau.*

84. — Mârk. Pur. 125, 26 :

nâham êtâm̃ grahîṣyâmi na ćânyâm̃ yôṣitam, nṛpa,
parair yasyâ nirîkṣantyâḥ *sam̃grâmê 'ham̃ parâjitaḥ.*

prêkṣati.

85. — MBh. I 5968 :

aham ênam̃ haniṣyâmi prêkṣantyâs tê, *sumadhyamê.*

86. — Ibid. VII 3318 :

vyasuç ćâpy apatad bhûmau prêkṣatâm̃ sarvadhanvinâm.

87-93 :

MBh. I 148 : *prêkṣatâm̃ sarvarâjñâm.*
III 581 · *pañćânâm̃ Pâṇḍuputrâṇâm̃ prêkṣatâm.*
III 14390 : *mâtṝṇâm̃ prêkṣatînâm.*

MBh. VIII 2399 : *prêkṣatô mama.*
IX 3266 : *prêkṣatô Bhîmasênasya.*
XV 483. Cité p. 23.
XVI 239 : *prêkṣataḥ... Pârthasya.*

prêkṣatê.

94. — MBh. V 4659 :

yać ća, vaḥ prêkṣamâṇânâṁ sarvadharmôpaćâyiṇâm,
Pâñćâlî paruṣâṇy uktâ, kô nu tat kṣantum arhati?

95-97 :

MBh. II 2391 : *Draupadyâḥ prêkṣamâṇâyâḥ* (dépend peut-être du verbe *adarçayat*).
III 2261 : *Vaidarbhyâḥ prêkṣamâṇâyâḥ.*
VII 6406. Cité p. 18.

saṁ-prêkṣatê.

98-99 :

MBh. VIII 4298 : *saṁprêkṣamâṇasya Dhanaṁjayasya.*
IX 973 : *naḥ saṁprêkṣamâṇânâm.*

Verbe Paçyati.

100. — Chrest. Benf. p. 133, l. 18 (Pttr.) :

paçyatô bakamûrkhasya *nakulêna hatâ bakâḥ.*

Autre texte et autre construction Hitôp. IV 7 :

paçyatô bakamûrkhasya nakulair bhakṣitâḥ prajâḥ.

101. — Pttr. 248 :

atha, tasya paçyatô, *gṛhîtvâ tat sakalaṁ dêvâyatanâbhimukhâ pratasthê.*

102. — MBh. V 2685 :

pitâmahasya, Drôṇasya, Vidurasya *ća* dhîmataḥ,
brâhmaṇânâṁ *ća* sâdhûnâṁ ra*jñ*aç *ća* nagarasya *ća*

paçyatâṁ Kurumukhyânâṁ sarvêṣâm êva tattvataḥ,
dânaçîlaṁ mṛduṁ dântaṁ dharmaçîlam anuvratam
yat tvâm upadhinâ, râjan, dyûtê vañcitavâṁs tadâ,
na ćâpatrapatê têna, etc..

103. — MBh. v 7386 (Ambôpâkhyâna 49, 17):

tataḥ sâ, paçyatâṁ têṣâṁ maharṣîṇâm, *aninditâ*
samâhṛtya vanât tasmât kâṣṭhâni varavarṇinî
ćitâṁ kṛtvâ sumahatîṁ pradâya[1] *ća hutâçanam,*
pradîptê 'gnau, mahârâja, rôṣadîptêna ćêtasâ
uktvâ : « Bhîmavadhâyê » 'ti pravivêça hutâçanam.

104. — MBh. VIII 3318 :

hatavâhas tataç ćâsmi Yuyudhânasya paçyataḥ,
Dhṛṣṭadyumnasya, yamayôr, vîrasya *ća* Çikhaṇḍinaḥ,
paçyatâṁ Draupadêyânâṁ Pâñćâlânâṁ *ća* sarvaçaḥ.

105. — MBh. VIII 3001:

paçyatôr yamayôr, *Pârtha*, Sâtyakêç *ća* Çikhaṇḍinaḥ,
Dhṛṣṭadyumnasya, Bhîmasya, Çatânîkasya vâ, *vibhô*,
Pâñćâlânâṁ *ća* sarvêṣâṁ Ćêdînâṁ *ćaiva*, *Bhârata*,
êṣa Karṇô raṇê, Pârtha, Pâṇḍavânâm anîkinîm
çarair vidhvaṁsayati vai nalinîm iva kuñjaraḥ.

106. — MBh. IX 112 :

yaṁ yaṁ sênâpraṇêtâraṁ yudhi kurvanti mâmakâḥ,
aćirêṇaiva kâlêna taṁ taṁ nighnanti Pâṇḍavâḥ.
raṇamûrdhni hatô Bhîṣmaḥ paçyatâṁ vaḥ *Kirîṭinâ:*
êvam êva hatô Drôṇaḥ sarvêṣâm êva paçyatâm;
êvam êva hataḥ Karṇaḥ Sûtaputraḥ pratâpavân,
sarâjakânâṁ sarvêṣâṁ paçyatâṁ vaḥ, *Kirîṭinâ.*

---

1 Böhtlingk-Roth n'éclaircissent pas cet emploi insolite du verbe *pra-dâ*. Je signale, pour le cas où on pourrait tirer parti de cette coïncidence, le terme *araṇipradânam* qui apparaît dans les Gṛhyasûtras de Pâraskara à propos des prescriptions relatives au feu domestique. Le sens précis de ce terme est d'ailleurs incertain.

107. — Râm. I 60, 15 :

uktavâkyê munau tasmin, saçarîrô narêçvaraḥ
divaṁ jagâma, Kâkutstha, munînâṁ paçyatâṁ *tadâ.*

108. — Kath. 17, 125 :

gatvâ sa, tasyâḥ paçyantyâḥ, *kayâpi varayôṣitâ*
saha ćakrê samâlâpaṁ raćitôdâramaṇḍanaḥ.

109. — Bhâg. Pur. IV 5, 9 :

ûćur : vipâkô vṛjinasyaiva tasya
yat paçyatînâṁ duhitṝṇâṁ *Prajêçaḥ sutâṁ Satîm avadadhyâv anâgâm.*

110-163 :

MBh. I 2941 : *paçyatas tatra tatrarṣêḥ.*
5528 : *jńâtigrâmasya paçyataḥ.*
6600 : *tasya manujêndrasya paçyataḥ.*
III 951 : *tapasvinâṁ paçyatâm.*
1663 : *puruṣavarasya paçyataḥ.*
IV 701 : *paçyatô râjńaḥ.*
V 4458 : *Kurûṇâṁ paçyatâm.*
VI 2481 : *Drôṇasya paçyataḥ... Gâṅgêyasya ća.*
3622 : *yôdhânâṁ tava paçyatâm.*
VII 1847 : *paçyatâṁ bândhavânâm.*
5648 : *Râdhêyasyaiva paçyataḥ.*
5909 : *hṛṣṭânâṁ Dhârtarâṣṭrâṇâṁ paçyatâm.*
6582 : *paçyatâṁ nô durâtmanâm.*
7199 : *Drupadaputrasya Phâlgunasya ća paçyataḥ.*
7715 : *Saubalasyaiva paçyataḥ.*
8002 : *paçyatas tasya rakṣasaḥ.*
8333 }
VIII 4176 } *paçyataḥ Savyasâćinaḥ.*
VI 113 : *Karnasya paçyataḥ.*
307 : *sabhâmadhyê Pâṇḍavânâṁ ća paçyatâm (?).*
2604 : *paçyatâṁ tatra vîrâṇâm.*
3201 : *sarvêṣâṁ nô 'dya paçyatâm.*
3241 : *paçyatâṁ tâvakânâm.*
3249 : *paçyatâṁ tê putrâṇâṁ ćitrayôdhinâm.*

MBh. VIII 3337 : *paçyatâm̃ suhṛdâm.*
4016 : *paçyatâm̃ naḥ.*
X 742 : *tèṣâm̃ sarvêṣâm̃ paçyatâm.*
XI 587 : *Pâṇḍavêyânâm̃ Pâńćâlânâm̃ ća paçyatâm.*
XII 13586 : *Brahmaṇaḥ paçyataḥ.*
XVI 60 : *Vṛṣṇînâm̃ paçyatâm.*
61 : *paçyatô Dârukasya.*
270 : *paçyatô... mama.*
Râm. II 96, 47 : *Sîtâyâs tatra paçyantyâḥ.*
III 24, 22 : *tasya Râmasya paçyataḥ.*
VI 17, 6 : *paçyatô râkṣasêndrasya.*
89, 15 : *çatrôr vikhyâtavîryasya... paçyataḥ.*
92, 34 : *dèvadânavayakṣâṇâm̃... paçyatâm.*
Hariv. 9317 : *paçyatâm̃ râjńâm̃ sarvêṣâm̃ sainikasya vai.*
14360 : *Brahmaṇaḥ paçyataḥ.*
14545 : *dèvasya paçyataḥ.*
15302 : *paçyataḥ Kèçavasya.*
15918 : *paçyatas tu Çaćîpatêḥ.*
Kath. 20, 171 : *asya paçyataḥ.*
26, 208 : *paçyatas tasya.*
36, 110 : *paurâṇâm̃ sâçru paçyatâm.*
52, 130 : *râjńaḥ paçyataḥ.*
69, 136 }
71, 56 } *tasya paçyataḥ.*
Mârk. Pur. 109, 11 : *paçyatô râjalôkasya.*
125, 12 : *bhûpânâm̃ paçyatâm atimâninâm.*
Bhâg Pur. II 9, 37 : *paçyatas tasya.*
III 18, 8 : *paçyatô 'rêḥ.*
IV 9, 26 : *bâlasya paçyataḥ.*
VIII 11, 28 : *jńâtînâm̃ paçyatâm.* Très douteux.
IX 10, 5 : *paçyatô Lakṣmaṇasyaiva.*

sarvalôkasya paçyataḥ.

164. — MBh. III 8807 :

êtâvad uktvâ vaćanam̃ Maitrâvaruṇir aćyutaḥ
samudram apibat kruddhaḥ sarvalôkasya paçyataḥ.

165-178. — Même formule :

MBh. VI 1859. 1931. 2814. 5258. 5454. 5471. 5784 (Cf. 2505 cité sous *miṣati*).
VII 7490.
IX 255.
Hariv. 15929. 15934. 16029. 16301.

Ajouter : Ṣaḍguruçiṣya cité par Max Müller, a Hist. of ancient sscr. lit. 1859, p. 236, et par Pischel Kuhn's Zeitschr. XXIII 427.

179-187. — Formules analogues :

MBh. VII 7452 : *paçyataḥ sarvalôkasya.* [1]
Mârk. Pur. 75, 21 : » » *vismayâviṣṭacêtasaḥ.*

Bhâg. Pur. VI 12, 35; VII 1, 19 } *paçyatâm̃ sarvalôkânâm.*

Bhâg. Pur. VIII 4, 5; MBh. V 2392; Râm. VI 73, 5; Kath. [2] 36, 131 } *lôkasya paçyataḥ.*

MBh. V 2394 : *jagataḥ paçyataḥ.*

sarvakṣattrasya paçyataḥ.

188-198 :

MBh. IX 344, 741.
Hariv. 15161. 15202. 15241. 15310. 15334. 15337. 15643. 15970. 15973.

sarvasainyasya paçayataḥ.

199-214 :

MBh. VI 3182. 3234. 3710. 3728. 3909. 4753. 5321.
VII 749. 1683. 5585. 6115.
VIII 608. 3568.
IX 478. 642. 1145.

---

[1] Ce génitif pourrait toutefois ne pas être absolu.
[2] Dans ce dernier passage *lôka* est pris dans le sens de *homines, les gens.*

paçyatâm̃ sarvadhanvinâm.

215-221 :

MBh. VI 3268.
VII 3984. 5800. 7444. 9385.
IX 1163. 1420.

222 :

Semblablement Râm. VI 25, 35 : *paçyatâm̃ sarvarakṣasâm.*

paçyatâm̃ sarvasainyânâm.

223. — MBh. VII 8075 :

paçya Bhîmam̃, mahâbâhô, rakṣasâ grastam âhavê
paçyatâm̃ sarvasainyânâm̃ tava ćaiva, *mahâdyutê.*

224-229 :

MBh. VII 4649. 5588. 5917. 6401. 8987.
IX 509.

paçyatâm sarvabhûtânâm.

230-232 :

Hariv. 8533. 11933.
Bhâg. Pur. VIII 10, 2.

233-237. — Formules analogues :

MBh.	VII 6127 :	*paçyatâm̃*	*sarvayôdhânâm.*
	7640 :	»	*sarvavîrânâm.*
Hariv.	8995 :	»	*sarvanâgânâm.*
Mârk. Pur.	90, 6 :	»	*sarvadêvânâm asurâṇâm̃ ća.*
Ibid. annexe,	p. 656 :	»	*sarvadêvânâm̃ siddhagandharva-rakṣasâm.*

paçyatâm̃ bhûmipâlânâm, etc.

238-244 :

MBh. X 198 } *paçyatâm̃ bhûmipâlânâm.*
Mârk. Pur. 69, 15 }

Mârk. Pur. 134, 9 } *paçyatâm̃ sarvabhûpânâm.* [1]
134, 33 }
MBh. II 2391 : » *vô mahîkṣitâm.*
Mârk. Pur. VII 298 : » *puruṣêndrâṇâm.*
XIV 1802 : » *pṛthivîkṣitâm.*

245-263. — On peut réunir, en raison de leur même type métrique, les exemples suivants :

MBh. I 4104 : *paçyatâm̃ lôkavîrâṇâm.*
III 404 }
IX 682 } » *Pâṇḍuputrâṇâm.*
VI 4914 }
VII 2816 } » *Dhârtarâṣṭrâṇâm.*
VIII 16 }
V 4666 }
VIII 1949 } » *Kuruvîrâṇâm.* [2]
VI 5635 : » » *sarvêṣâm.*
VIII 2468 : » *Kauravêyâṇâm.*
Hariv. 6827 : » *Yadusim̃hânâm.*
10780 : » *dêvadaityânâm.*
Bhâg. Pur. VIII 9, 27 : *paçyatâm asurêndrâṇâm.*
MBh. VI 3408 }
VII 6964 }
7215 } *paçyatô Bhîmasênasya..* etc.
7754 }
VIII 4266 : *paçyataḥ Sûtaputrasya.*
XVI 12 : *paçyatô Vâsudêvasya.*

paçyatâm̃ tridivaukasâm.

264. — Hariv. 15956 :

atipravṛttam̃ sam̃grâmam̃ dêvâsuraranôpamam
vidadhâtê mahâraṅgê paçyatâm̃ tridivaukasâm.

265-266. — Hariv. 15959. 16060.

---

[1] Imprimé par erreur *sarvabhûtânâm* dans le premier passage.
[2] Au vers VIII 1949 le tour absolu n'est pas certain.

sarvêṣâm̃ paçyatâm.

267 :

MBh. VI 4041 : *sarvêṣâm̃ tatra paçyatâm.*

268 :

Hariv. 9326 : *sarvêṣâm êva paçyatâm.*

Bhîmasênasya paçyataḥ, etc.

269-300 :

MBh.	I	6687	: *Viçvâmitrasya paçyataḥ.*
	III	14890	
		14913	*Dhârtarâṣṭrasya paçyataḥ.*
	IV	2013	
	V	5678	*Dharmarâjasya paçyataḥ.*
	IX	541	
	VI	2353	
	VII	679	*Dhṛṣṭadyumnasya paçyataḥ.*
	VIII	2728	
	VII	1620	
		1645	
		1665	*Bhâradvâjasya paçyataḥ.*
		4558	
		7259	
		6879	: *râkṣasêndrasya paçyataḥ.*
	VIII	2945	: *Sûtaputrasya paçyataḥ.*
		2693	
		3931	
		3946	*Bhîmasênasya paçyataḥ.*
	IX	835	
		1714	
	VII	3442	
	IX	3661	
	XI	378	
	XII	138	*Vâsudêvasya paçyataḥ.*
Hariv.		15192	
		15303	
		16044	

[1] Au vers III 14913 le tour absolu est contestable.

Hariv.		2940 :	*Mârkaṇḍêyasya paçyataḥ.*
Râm.	VI	16, 90	*Daçagrîvasya paçyataḥ.*
		86, 18	
MBh.	III	16501	

301-313. — Au cours du récit de Saṁjaya à Dhṛtarâṣṭra, on voit souvent revenir les mots :

tava putrasya paçyataḥ.

MBh.	VI	3462	*tava putrasya paçyataḥ.*
	VII	4940. 6137. 6362	
	IX	1258. 1340	
	VI	5098 :	*putrasya tava paçyataḥ.*
		5654	*putrâṇâṁ tava paçyatâm.*
	VIII	2464	
	VII	7733	*paçyatas tava putrasya.*
		8800	
	VI	3637 :	*çyâlasya tê. . . tava putrasya paçyataḥ.*
	VIII	2835 :	*paçyatas tasya vîrasya tava putrasya.*

paçyatô mê.

314. — Pttr. 152 en bas (122, 9 Koseg.):

asaṁkhyayûthaparivṛtaḥ paçyatô mê *paribhramann itas tataḥ svajanêna sahâgaććhati yâti ća* (sujet : *âkhuḥ*).

315. — Pttr. 124 en bas :

paçyatô mê *naditaṭâć ćhyênênâpahṛtaḥ çiçuḥ.*

316. — Kath. 72, 143.

paçyatas tê.

317. — MBh. I 891. Exemple remarquable en ce que *paçyatas tê*, loin de renfermer une nuance d'*anâdara*, y signifie : *en te prenant à témoin.*

tvam, Agnê, sarvabhûtânâm antaç ćarasi nityadâ
sâkṣivat puṇyapâpêṣu : satyaṁ brûhi, kavê, vaćaḥ.

matpûrvâpahṛtâ bhâryâ Bhṛguṇânṛtakâriṇâ.
sêyaṁ yadi, tathâ mê tvaṁ satyam âkhyâtum arhasi.
çrutvâ tvattô, Bhṛgôr bhâryâṁ hariṣyâmy âçramâd imâm,
Jâtavêdaḥ, paçyatas tê : *vada satyâṁ giraṁ mama.*

318-332 :

MBh. I 1767. 1773. III 421. 2822. VI 2822. VII 6390. 8227. XII 10137. XIV 1723.
Râm. II 12, 44 Schleg. III 35, 34 Gorr. VII 17, 30 Bomb.
Bhâg. Pur.[1] VII 10, 37.
Cités plus haut : MBh. III 11799 (v. p. 19).
Râm. III 24, 17 (v. p. 28, note 2).

paçyatô mama, etc.

333 :

MBh. I 6276, cité p. 28 n. : *paçyatô mama.*

334-335 :

MBh. III 15048 } *paçyatas tava.*[2]
Hariv. 7112 }

336-337 :

MBh. XIII 7429, cité p. 19 } *mama paçyataḥ.*
Râm. III 56, 31, cité p. 23 }

---

[1] Nous pourrions ajouter Bhâg. Pur. VIII 21, 31 :

padaikêna mayâ krântô bhûrlôkaḥ khaṁ diças tanôḥ,
svarlôkas tu dvitîyêna paçyatas tê *svam âtmanâ.*

Burnouf : « Du premier pas j'ai franchi la terre, en remplissant de mon corps l'atmosphère et tous les points de l'espace ; du second j'ai occupé le ciel, m'emparant de ton empire, sous tes propres yeux. »

Si l'on admet le texte précité, *paçyatas tê* dépend forcément de *svam*. Mais ce texte doit être corrompu, car il est permis de dire que la traduction de Burnouf ne réussit pas à le rendre limpide d'un bout à l'autre. Il est probable que si nous avions la vraie leçon, *paçyatas tê* serait absolu. Nous suggérons la correction suivante, en la donnant pour ce qu'elle vaut :

padaikêna mamâkrântô bhûrlôkaḥ khaṁdiçastanôḥ,
svarlôkas tu dvitîyêna, paçyatas tê, svamâyayâ.

[2] Ajouter Râm. Calc. III 18, 16 (cité p. 28).

338 :

MBh. I 8394 : *mama paçyantyâḥ*.

339 :

Kath. 58, 75 : *mê paçyataḥ*.[1]

340-341 :

Râm. VI 60, 22 } *tava paçyataḥ*.
Hariv. 4200 }

342-350. — Passages cités dans la section I :

Râm. I 67, 16 (p. 20); III 16, 26 (p. 20); V 91, 11 (p. 9).
Hariv. 14461 (p. 23).
Kath. 40, 16 (p. 20); 61, 159 (p. 18).
Mârk. Pur. 14, 84 (p. 9); 114, 30 (p. 19).
Bhâg. Pur. VIII 12, 25 (p. 16).

apaçyataḥ.

351. — (?) Kath. 69, 142. Le sujet est *haṁsî* :

tataḥ snâtuṁ pravṛttêna kênâpy atra sarastatê
puṁsâ vastrôpari nyastâm apaçyad ratnakaṇṭhikâm,
gatvâ ćâpaçyatas tasya tâṁ gṛhîtvaiva kaṇṭhikâm
dâçâya[2] *darçayantî sâ tasmai, vyômnâ çanair yayau.*

La ponctuation de Brockhaus indique qu'il a vu ici un génitif absolu.

paçyatê.

352 :

MBh. VII 6543 : *naḥ paçyamânânâm*.

anu-paçyati.

353. — Hariv. 8907 :

Vajranâbhasya tat kâyâd uććakarta çiras tadâ
Nârâyaṇasutônmuktam,[3] daityânâm anupaçyatâm.
tat = ćakram.

---

[1] Peut-être possessif.
[2] Imprimé : *dâsâya*. Or il s'agit du personnage appelé plus haut *dhîvaraḥ*.
[3] Et non pas -*sûtônmuktam*, que porte le texte.

354. — Bhâg. Pur. VIII 12, 23 :

. . . *striyâḥ*
vâsaḥ sasûtraṁ laghu mârutô 'harad, Bhavasya dêvasya kilânupaçyataḥ.

abhi-paçyati.

355. — Bhâg. Pur. III 13, 19 :

tasyâbhipaçyataḥ *khasthaḥ kṣaṇêna kila, Bhârata, gajamâtraḥ pravavṛdhê* (sujet : *varâhatôkaḥ*).

pra-paçyati.

356 :

MBh. VIII 4772 : *Râdhêyasya prapaçyataḥ*.

357 :

Râm. VI 75, 43 : *Râvaṇasya prapaçyataḥ*.

saṁ-prapaçyati.

358. — MBh. V 5613 :

aham âdau nihatya tvâṁ Çakunêḥ saṁprapaçyataḥ
tatô 'smi Çakuniṁ hantâ.

saṁ-paçyati.

359. — Bhâg. Pur. VIII 3, 33 :

gajêndraṁ saṁpaçyatâṁ *Harir amûmućad* uććhriyâṇâm.

360 :

MBh. VIII 4338 : *saṁpaçyataḥ . . .tava.*

361. — Hariv. 7464. Cité p. 22.

Verbe Miṣati.

362. — MBh. III 10369 :

tasmâd yuvâṁ kariṣyâmi prîtyâhaṁ sômapîthinau
miṣatô dêvarâjasya, *satyam êtad bravîmi vâm.*

363. — Ibid. VII 6720 :

tutas tu Durmadaç ćaiva Duṣkarṇaç ća tavâtmajau
ratham êkaṁ samâruhya Bhimaṁ bâṇair avidhyatâm.
tataḥ Karṇasya miṣatô, Drauṇêr, Duryôdhanasya *ća*,
Kṛpasya, Sômadattasya Vâhlîkasya *ća*, *Paṇḍavaḥ*
Durmadasya ća virasya Duṣkarṇasya ća taṁ ratham
pâdaprahârêṇa dharâṁ prâvêçayad ariṁdamaḥ.

364. — Ibid. VII 6947 :

tatô Yudhiṣṭhiraḥ kruddhas tavânikam açâtayat
miṣataḥ Kumbhayônêç *ća* putrâṇâṁ tava *ćânagha.*

365. — Hariv. 753 :

miṣatâṁ dêvatânâṁ *ća* Vasiṣṭhasya *ća*, *Kauçikaḥ*
saçariraṁ tadâ taṁ tu divam ârôpayat prabhuḥ.

366. — Bhâg. Pur. IV 22, 48 :

ta âtmayôgapataya âdirâjêna pûjitâḥ
çilaṁ tadiyaṁ çaṁsantaḥ khê 'bhûvan miṣatâṁ nṛṇâm.

miṣatâṁ sarvadhanvinâm.

367. — MBh. VIII 3784 :

çiraç ćhêtsyâmi Karṇasya miṣatâṁ sarvadhanvinâm.

368-379. — Même formule :

MBh. I 545. II 2535.
V 5614. 5650. 5687. VI 5512.
VII 3431. 3749. 5061.
VIII 1687. 3777. IX 1121.

380-402 :

MBh. I 7179 : *pârthivânâṁ miṣatâm.*
7483 : *miṣataḥ sarvalôkasya.*
8159 : *miṣatô 'sya Çaćipatêḥ.*
III 10464 : *miṣatô Vajrapâṇinaḥ.*
14227 : *miṣatâṁ sarvabhûtânâm.*
V 5957 : *miṣatâṁ vaḥ.*

MBh. vi 2473 : *miṣatâm̃ sarvasainyânâm.*
vii 1553, 2681 : *Drôṇasya miṣataḥ.*[1]
3746 : *sarvakṣattrasya miṣataḥ* (v. p. 57).
6115, 6898 : *miṣatô Bhimasênasya.*
3739 : *miṣatâm̃ sarvasainyânâm̃ tvadiyânâm.*
viii 2685 : *miṣatas tê.*
xii 499 (= xiv 322) : *miṣatâm̃ Pâṇḍuputrâṇâm.*
xvi 235 : *miṣatâm̃ sarvayôdhânâm.*
Hariv. 2134 : *yajñârtham̃ samavêtânâm̃ miṣatâm̃ dvijanmanâm.*
11011 : *Mahâdêvasya miṣatô Guhyasya ća.*
Râm. v 38, 33, vi 72, 3 : *miṣatâm̃ sarvarakṣasâm.*
Bhâg. Pur. iii 19, 9 : *miṣataḥ çatrôḥ.*
Çiçupâlavadha 15, 34 : *mṛgavidviṣâm iva . . . miṣatâm.*

403-406. — Exemples cités ailleurs :

Kumârasam̃bhava ii 46 (page 3).
MBh. vi 2505 ; très douteux (p. 80). vii 1667 (p. 80).
vii 6573 (v. nº 477).

407. — Exemple védique. Maitrâyaṇyupaniṣad 1, 4 :

miṣatô bandhuvargasya *mahatim̃ çriyam̃ tyaktvâsmâl lôkâd amum̃ lôkum̃ prayâtâḥ.*

Appendice aux articles îkṣati, paçyati, miṣati.

I

En parcourant les exemples énumérés sous les trois verbes signifiant « voir, » on sera frappé de la fréquence de ceux

[1] Peut-être possessif dans le premier passage.

qui renferment un *anâdara*. Néanmoins, nous le répétons, [1] ce sens est indépendant de la construction syntaxique, c'est-à-dire du génitif absolu. Autrement le génitif cesserait évidemment d'être absolu : il serait le cas répondant à la question « malgré qui? » de même que l'instrumental, par exemple, est l'exposant de l'idée « avec qui. »

En effet, si nous trouvons le génitif absolu du type *tasya paçyataḥ* pris si souvent dans le sens indiqué, on en peut dire autant des locutions de toute nature usitées dans les langues les plus diverses et signifiant : *sous les yeux de, en présence de*. Dès que l'action principale va contre le gré de celui qui en est témoin (et le cas se présente à tout instant), l'expression *sous les yeux de* prend de ce fait une nuance d'*anâdara*.

Cela est si vrai qu'on peut imaginer et citer cent phrases où la même idée latente s'attachera aux participes sanscrits en question, sans qu'il y ait construction absolue. Kath. 44, 56 :

> *jahâra tatra* tanayâm̃ râjñô Rambhasya paçyataḥ.

Ibid. 62, 216 :

> *êbhir* mê mahiṣô *hatvâ bhakṣitaḥ* paçyatô *jaḍaiḥ*.

MBh. v 5655 :

> *aham̃ hi* vaḥ paçyatâm̃ dvîpam ênam̃ Bhîṣmam̃ *rathât pâtayi-*
> [*ṣyâmi bâṇaiḥ*.

Ibid. vii 8065 :

> hayâm̃ç *ćaiva çitair bâṇaiḥ* sârathim̃ *ća mahâbalaḥ*
> *jaghâna* miṣataḥ *sam̃khyê* Bhîmasênasya, *Bhârata*.

Râm. Calc. i 54, 19 :

> *nâçayanti* balam̃ sarvam̃ Viçvâmitrasya paçyataḥ.

---

[1] Voyez p. 14 et 15.

Le commentateur fait suivre ce dernier vers de la note *anâdarê ṣaṣṭhî*, comme s'il avait devant lui un génitif absolu. S'il écrivait avec l'opinion arrêtée que le génitif n'est pas régi par *balam*, il n'y a rien à remarquer. Plus probablement le sûtra de Pânini lui vint machinalement à l'esprit, parce que la phrase contenait d'une part un *anâdara*, et de l'autre la forme *paçyataḥ* si fréquente au génitif absolu.

Cette inadvertance du commentateur suggère naturellement la question suivante : Pourquoi, lorsque le participe n'est pas absolu, n'en voyons-nous pas moins apparaître toujours, en cas d'*anâdara*, le génitif *paçyataḥ*, *paçyatâm*, et non le datif, l'accusatif, l'instrumental? La solution est des plus simples. Le type de phrase dont il s'agit offre ceci de particulier que *paçyant-* y a pour régime sous-entendu l'ensemble de l'action verbale. Or ce n'est qu'au génitif, et au génitif dépendant d'un nom, qu'on a l'occasion d'appliquer *paçyant-* de cette façon. Les autres cas, en effet, sont réservés aux objets, sujets et compléments de l'action verbale, et ceux-ci *voient* trop évidemment l'action qu'ils subissent ou qu'ils accomplissent pour qu'on ait jamais à le dire.

II

Nous devons constater cependant que les auteurs hindous prennent parfois cette peine inutile, et mettent leurs lecteurs en présence de phrases qui, au moins à première vue, sont tout le contraire de spirituelles. MBh. IX 218 :

> *sarvân vikramya* miṣatô, *lôkaṁ câkramya mûrdhani,*
> *Jayadrathô hatô râjâ : kiṁ nu çêṣam upâsmahê?* [1]

[1] Les exemples parallèles prouvent qu'il n'est pas nécessaire de corriger *miṣatô* en *dviṣatô*.

Bhâg. Pur. IV 8, 14 (sujet : *Dhruvô bâlakaḥ*) :

mâtuḥ sapatnyâḥ suduruktividdhaḥ çvasan ruṣâ daṇḍahatô [yathâhiḥ
hitvâ miṣantaṁ *pitaraṁ sannavâćaṁ jagâma mâtuḥ praru-[dan sakâçam.*

Il y a naturellement tels cas où, quoique ajouté à un génitif possessif, ce mot *voyant* ne choque pas moins le sens que dans les exemples précités. Bhâg. Pur. III 3, 3 :

êṣâṁ. . miṣatâṁ. . *padaṁ mûrdhni dadhat.*

De telles singularités sont au nombre des raisons qui peuvent faire douter de la signification de *miṣant-*. Il importe, avant de continuer, d'éclaircir ce point spécial.

III

Il est beaucoup moins facile qu'on ne croirait de fixer le véritable sens de *miṣant-*.

Premièrement, si l'on fait abstraction de nos génitifs absolus, le verbe *miṣati* au simple est fort rare, tant dans le dialecte des Védas que dans le sanscrit classique. A ne considérer que l'usage qui en est fait au génitif absolu, la traduction qui se présente naturellement dans la plupart des cas n'est point « voir », mais « résister, être opposé à, se dépiter ». Par exemple *miṣatô 'sya Çaćîpatêḥ*, MBh. I 8159, forme un pendant exact aux mots *akâmasya Çatakratôḥ* du vers 8166. Aussi Westergaard, Bopp, Emile Burnouf, donnent-ils dans leurs lexiques le sens de *résister*. Eugène Burnouf adopte la même interprétation pour certains passages, ainsi Bhâg. Pur. IV 1, 32 (cf. aussi V 14, 29) :

êvaṁ kâmavaraṁ dattvâ pratijagmuḥ surêçvarâḥ
sabhâjitâs tayôḥ samyag dampatyôr miṣatôs tataḥ.

B. : « Après avoir ainsi accordé au solitaire la faveur qui était « l'objet de ses désirs, les chefs des Suras, traités avec respect par « les deux époux *qui voulaient les retenir*, quittèrent l'ermitage « d'Atri. »

Il va plus loin et traduit *miṣatâm* par *rivaux* dans l'exemple précité, Bhâg. Pur. III 3, 3.

La manière dont *miṣatâm* et *paçyatâm* sont juxtaposés MBh. VII 1667 semble particulièrement probante contre la signification *voir* de *miṣati*.

aham ênam̃ haniṣyâmi, mahârâja, bravimi tê,
miṣatâm̃ Pâṇḍuputrâṇâm̃ Pâńćâlânâm̃ ća paçyatâm.

Comment traduire autrement que : *invitis Panduis filiis.. adspecturis?* Et de même VI 2505 :

adya Pâṇḍusutân sarvân sasainyân saha bandhubhiḥ
miṣatô *vârayiṣyâmi* sarvalôkasya paçyataḥ.

Toutefois, et ici nous indiquons le point de vue où nous nous plaçons, l'argument qu'on pourrait tirer des deux dernières citations dépend absolument de la manière dont on groupe les termes de la phrase. Dans le premier passage, il suffit de diviser ainsi : *miṣatâm Pâṇḍuputrâṇâm̃, Pâńćâlânâm̃ ća paçyatâm*, pour conserver à *miṣ* le sens de *voir*. Quant au second, *miṣatô* n'est probablement pas un génitif, mais un accusatif pluriel s'accordant avec *Pâṇḍusutân*, et ceci nous ramène au cas difficile qui a été le point de départ de la discussion (p. 78 II).

Examinons ce cas. Il s'agit de rendre le sens de *voir* admissible pour les exemples bizarres dont je ne rappelle que le plus caractéristique : *êṣâm̃ miṣatâm̃ padam̃ mûrdhni dadhat*. Il semble pour le coup qu'on ne puisse traduire : « posant son pied sur la tête de ceux-ci, *qui en étaient témoins.* »

Je crois, en dépit des apparences, qu'on ne doit point s'effrayer de ce sens. Il ne manque pas d'exemples presque semblables ayant pour participe, non plus *miṣant-*, mais *paçyant-*. MBh. VI 1697 :

Yudhiṣṭhiraḥ svayaṁ râjâ Madrarâjânam abhyayât.
tasya Madrapatiç ćâpaṁ dvidhâ ćićhêda paçyataḥ.

Ibid. III 1269 :

râjyaṁ naḥ paçyatâṁ hṛtam.

Ibid. XIV 2365 :

hâ-hâ dhik Kuruvîrasya saṁnâhaṁ kâńćanaṁ bhuvi
apaviddhaṁ hatasyêha mayâ putrêṇa paçyatâ.

Ces exemples permettent de répondre à la fois à la question spéciale du sens de *miṣant-*, et à la question de syntaxe qui concerne *paçyant-* comme *miṣant-*. Le mot *miṣant-* n'a jamais signifié que *voyant* ou *regardant*. Toute autre explication se trouverait d'ailleurs en désaccord avec l'étymologie et avec la tradition. On ne doit pas oublier que, dans nombre de génitifs absolus, il ne règne aucune équivoque à l'égard de cette signification. En considérant les emplois plus vivants du même participe, on reconnaît que, jusque dans le Bhâgavata-Puraṇa, alors que le verbe fini *miṣati* était tombé en pleine désuétude, il garda constamment son acception primitive. Exemple: *janô 'yaṁ miṣan na paçyati* (V 18, 3).

Il était si commun — soit au génitif absolu, soit dans les constructions mentionnées p. 77 — d'appliquer les participes *paçyant-* et *miṣant-* « voyant » au spectateur *impuissant* d'une scène, qu'on avait fini par s'en servir en toute situation analogue, en parlant, non plus du spectateur de l'action, mais de l'objet ou même de l'agent. De là les phrases précitées, où l'addition plus qu'oiseuse de ces participes n'est évidemment qu'un moyen d'accentuer fortement l'*anâdara*.

C'est surtout *miṣant-*, il faut en convenir, qui a subi cette extension d'usage. Même au cas absolu, *miṣatas tasya* « illo spectante » devient souvent une locution pour dire « illo invito ». Jamais cependant l'idée de *voir* ne disparaît entièrement.[1]

IV

Le verbe *antardhîyatê* « disparaître » est accompagné, dans des cas qui ne sont pas douteux, d'un génitif de personne. Ainsi Bhâg. Pur. VIII 6, 26 : *têṣâm antardadhê* « il devint invisible à leurs yeux. »[2]

La plupart du temps cependant on trouve : *têṣâm̃ paçyatâm (prêkṣatâm, miṣatâm) antardadhê.* Il est bien difficile alors de dire si l'on est, ou non, en présence de la construction absolue. Strictement, on n'a jamais besoin de l'admettre.[3]

---

[1] On a vu p. 79 un passage que Burnouf traduit « les chefs des Suras quittèrent les deux époux *qui voulaient les retenir* (miṣatôḥ)». Interprétation peu plausible, précisément parce qu'elle ne fait aucune part à l'idée de *spectans* qui resta toujours au fond du mot *miṣant-*, et qui est cause qu'on ne l'emploie pas pour exprimer toute espèce d'opposition. Il faut qu'il y ait étonnement, dépit, consternation. – Le passage en question est tout au contraire un de ceux où apparaît le sens pur de *spectans*, sans aucun mélange d'*anâdara*.

[2] Si ce génitif est de ceux qui ont remplacé un datif, il rentre par anticipation dans le sujet de notre section III. On peut invoquer dans ce sens Bhâg. Pur. IV 19, 17 : *sô 'çvam̃ rûpâm̃ ca tad dhitvâ* tasmâ *antarhitaḥ svarâṭ* (à supposer que *tasmai* ne se rapporte point à *hitvâ*). — Selon Pâṇini I 4, 28, avec les verbes signifiant *se cacher*, la personne dont on cherche à ne pas être vu est *apâdânam* et doit donc se mettre à l'ablatif. Ceci indiquerait, contrairement à ce qui précède, que le génitif en question procède *de l'ablatif*, ainsi qu'il est arrivé fréquemment. Mais *antardhîyatê*, au passif, ne signifie pas précisément *se cacher ;* il signifie *disparaître.*

[3] Il est probable qu'il y a eu *fusion de deux constructions différentes* (cf. sur ce sujet K. Brugman, Jenaer Literaturzeitung, 22 mars 1879). C'est un fait semblable qui a donné : *samakṣam̃ tasya dhûr-*

MBh. I 5060 :

tê ćântardadhirê nâgâḥ Pâṇḍavasyaiva paçyataḥ.

Ibid. III 11991 :

prêkṣataç ćaiva mê dêvas tatraivântaradhiyata.

Bhâg. Pur. I 12, 11 :

miṣatô daçamâsyasya tatraivântardadhê Hariḥ.

De même avec *tirôbhavati*. Kath. 42, 39 :

ity uktvâ rûpiṇi Vidyâ tirô'bhût sâsya paçyataḥ.

Cf. MBh. III 11975. XIII 2753. 2767. 2777. 3877. XIV 2900. Ambôpâkhyâna 17, 16. Hariv. 10866. Mârk. Pur. 92, 29. Bhâg. Pur. IV 12, 9. IV 25, 1. VI 2, 23. VI 4, 54. VI 10, 1. VI 16, 65.

Avec *antardhânam* ou *adarçanaṁ yâti* :[1]

MBh. III 16576 :

tatas tê prêkṣamâṇânâṁ têṣâm akliṣṭakarmaṇâm
antardhânaṁ yayur dêvâḥ.

Cf. MBh. XIII 1770. XIV 366. Hariv. 3695.

---

tasya paçyataḥ (MBh. IV 527), *puratas tasya patyuḥ . . paçyataḥ* (Kath. 43, 163).

[1] Dans ce cas encore on trouve des génitifs sans participe, qui montrent que le tour absolu n'a rien de nécessaire. MBh. XIV 2806 : *jagâmâdarçanaṁ têṣâṁ, viprâs tê tu yayur gṛhân.* La preuve directe que le génitif n'était pas ressenti davantage comme absolu lorsqu'il y avait un participe, semble fournie par les mots *lôkasyêva* au vers III 1664 :

tasya saṁpaçyatas tv êva Pinâkî Vṛṣabhadhvajaḥ
jagâmâdarçanaṁ, bhânur lôkasyêvâstam iyivân.

Le génitif, du reste, peut s'expliquer d'une double façon, soit qu'on le rapporte exclusivement à *adarçanam*, soit que l'expression *adarçanaṁ yâti* ait été dotée par analogie de la construction usitée avec son synonyme *antardhiyatê* (v. p. 40 note).

Avec *adṛçyô bhavati.*[1] Mârk. Pur. 95, 26 :

ity uktvâ pitaras tasya paçyatô, munisattama,
babhûvuḥ sahasâdṛçyâḥ.

Cf. Mârk. Pur. 100, 29. Kath. 101, 269.

Le verbe *naçyati* se construit avec le génitif dans le sens de « être perdu pour quelqu'un ».[2] L'exemple suivant ne peut donc passer plus que les précédents pour contenir le génitif absolu. Mârk. Pur. 49, 63 :

tatas tâḥ [prajâḥ] paryagṛhṇanta nadîkṣêtrâṇi, parvatân,
vṛkṣagulmauṣadhîç ćaivam âtmanyâyâd yathâbalam.
têna dôṣêṇa tâ nêçur ôṣadhyô miṣatâm̃, *dvija*[3] :
agrasad bhûr yugapat tâs tadauṣadhyô, mahâmatê.

Inutile de dire qu'avec certains verbes, par exemple *harati* « enlever », il n'y a aucun motif quelconque pour admettre le tour absolu. Ainsi Bhâg. Pur. v 14, 3 : *aniććhatô 'pi . . kuṭumbina uraṇakavatsam̃ miṣatô 'paharanti.* Le mot *miṣataḥ* frappe comme étant superflu, mais cela rentre dans le cas traité ci-dessus, p. 78 II et p. 81.

Verbe Çṛṇôti.

408. — MBh. v 5599 :

tan mê kathayatô, manda, çṛṇu vâkyam̃ durâsadam
sarvakṣattrasya madhyê tvam̃ yad vakṣyasi Suyôdhanam
çṛṇvataḥ Sûtaputrasya Çakunêç ća durâtmanaḥ.

---

[1] Ici comme plus haut on peut, si l'on ne considère pas le génitif comme absolu, le faire dépendre soit du mot *adṛçya* seul, soit de la locution prise dans son ensemble.

[2] MBh. IX 2966 : *têṣâm̃ kṣudhâparitânâm̃ naṣṭâ vêdâḥ.* Nala 24, 17 : *mama râjyam̃ praṇaṣṭam.* Kath. 33, 82 : *naçyêt sarvam idam̃ mama* ; etc.

[3] Imprimé : *dvijaḥ.*

409. — Hariv. 14993 :

tataḥ sa bhagavân Rudraḥ, sarvân vismâpayann iva,
stutyâ praćakramê stôtuṁ Viṣṇuṁ viçvêçvaraṁ Harim
arthyâbhiḥ [1] *çrutiyuktâbhir* munînâm çṛṇvatâṁ tadâ.

410. — Râm. VI 7, 40 :

tataḥ paramasaṁhṛṣṭô Râvaṇô râkṣasâdhipaḥ
Sîtâyâs tatra çṛṇvantyâ *râkṣasîm idam abravît :*
« *râkṣasaṁ krûrakarmâṇaṁ Vidyujjihvaṁ pravêçaya,*
« *yêna tad Râghavaçiraḥ saṁgrâmât svayam âhṛtam.* »

411. — Ibid. VI 106, 15 :

êvam uktas tatô Râmaḥ pratyuvâća Vibhîṣaṇam
rakṣasâṁ vânarâṇâṁ *ća* sarvêṣâm êva çṛṇvatâm :
« *pûjitô 'smi tvayâ, vîra*, etc. »

412. — Bhâg. Pur. VI 17, 5 :

uvâća dêvyâḥ çṛṇvantyâ, *jahâsôććais tadantikê :*
« *êṣa lôkaguruḥ sâkṣâd dharmaṁ vaktâ çarîriṇâm*
« *âstê mukhyaḥ sabhâyâṁ vai mithunîbhûya bhâryayâ.* »

413. — Anthol. Lassen, 2me éd., p. 92, v. 62 (fragment du *Saṁkṣêpaçaṅkarajaya*) :

atha prôvâća divyâ vâk samrâjam açarîriṇî
nudantî saṁçayaṁ tasya, sarvêṣâm api çṛṇvatâm :
« *satyam êva, mahârâja, brâhmaṇâ yad babhâṣirê*, etc. »

414-452 :

MBh. I 4049 } *çṛṇvatâṁ bhûmipâlânâm.* [2]
4058 }
V 1810 : *çṛṇvataḥ Kêçavasya.*
1813 : *çṛṇvatâṁ ćâpi têṣâm.*
5540 : *çṛṇvatâṁ Kuruvîrâṇâm.*

---

[1] Lire : *arćâbhiḥ.*

[2] Dans le second passage le tour absolu n'est que probable.

MBh. v 5413 }
5487 }
III 2001 } *Vâsudêvasya çṛṇvataḥ.*
VI 2064 }
VII 4248 }
1679 : *râjñô Dhṛtarâṣṭrasya çṛṇvataḥ.*
2255 : *pitṛdêvamanuṣyâṇâm̃ çṛṇvatâm.*
2954 : *têṣâm̃ çṛṇvatâm.*
5551 : *Kurûṇâm̃ çṛṇvatâm.*
5657 : *çṛṇvatas tava Kauravâṇâm̃ ća.*
5797 : *sarvêṣâm̃ çṛṇvatâm.*
8451 : *Dhṛtarâṣṭrasya çṛṇvataḥ.*
VIII 3394 : *tapasvinâm̃ çṛṇvatâm.*
3719 : *çṛṇvatas tava.*
4249 : *çṛṇvatâm̃ lôkavirâṇâm.*
IX 1769 : *sarvalôkasya çṛṇvataḥ.*
XII 13443 : *ṛṣiṇâm̃ Pâṇḍavânâm̃ ća çṛṇvatôḥ Kṛṣṇabhiṣmayôḥ.*
XIV 1862 : *Dharmarâjasya çṛṇvataḥ.*
Hariv. 5139 : *Ugrasênasya çṛṇvataḥ.*
Râm. v 66, 23 : *Sugrivasyaiva çṛṇvataḥ.*
Kath. 15, 33 : Cité p. 20.
43, 115 : *Arthalôbhasya çṛṇvataḥ.*
45, 406 : *çṛṇvatô Mahêndrasya.*
Mârk. Pur. 14, 1 : *çṛṇvatâm̃ naḥ.*
109, 17 : *çṛṇvatâm̃ sarvabhûbhṛtâm̃ paurâṇâm̃ ća.*
Bhâg. Pur. I 7, 38 : *çṛṇvatô mama.*
13, 6 : *têṣâm̃ .. çṛṇvatâm.*
IV 6, 37 : *çṛṇvatâm̃ satâm.*
8, 10 : *çṛṇvatô râjñaḥ.*
VI 17, 26 : *dêvarṣidaityasiddhânâm̃ pârṣadânâm̃ ća çṛṇvatâm.*
VII 1, 14 : *muninâm̃ çṛṇvatâm.*
1, 21 : *çṛṇvantyâs tatsadaḥ.* [1]
VIII 1, 33 : *muninâm̃ sadasi sma çṛṇvatâm.* [2]

---

[1] Faut-il lire : *sam̃sadaḥ?* Burnouf traduit par *assemblée.*
[2] Exemple douteux.

çr̥ṇvatâm̃ sarvabhûtânâm.

453. — MBh. I 4793 :

jâtamâtrê kumârê tu, vâg uvâćâçarîriṇî
mahâgambhîranirghôṣâ nabhô nâdayatî tadâ.
çr̥ṇvatâm̃ sarvabhûtânâm̃ têṣâm̃ ćâçramavâsinâm,
Kuntîm âbhâṣya vispaṣṭam uvâćêdam̃ çućismitâm :
« *Kârtavîryasamaḥ*, *Kunti*, etc. »

454-456. — Même formule : MBh. VII 700. Bhâg. Pur. VIII 4, 16. IX 20, 20.

457. — MBh. VII 1458 : *çr̥ṇvatâm̃ sarvayôdhânâm.*

458. — Hariv. 14906 : » *sarvadêvânâm̃ munînâm̃ bhâvitâtmanâm.*

anu-çr̥ṇôti.

459. — Bhâg. Pur. VIII 22, 20 :

tasyânuçr̥ṇvatô, *râjan*, Prahrâdasya kr̥tâńjalêḥ,
Hiraṇyagarbhô bhagavân uvâća Madhusûdanam.

460. — Ibid. I 9, 25 : *r̥ṣîṇâm anuçr̥ṇvatâm.*

abhi-çr̥ṇôti.

461. — Bhâg. Pur. IV 4, 10 : *jagatô 'bhiçr̥ṇvataḥ.*

â-çr̥ṇôti.

462. — Bhâg. Pur. III 4, 10 :

tasyânuraktasya munêr *Mukundaḥ* pramôdabhâvânatakandharasya âçr̥ṇvatô *mâm anurâgahâsasamîkṣayâ viçramayann uvâća.*

upa-çṛṇôti.

463. — MBh. xii 2043. Le poète dépeint la licence et l'insubordination qui règnent parmi les serviteurs d'un prince trop débonnaire :

> *alaṁkârê ća bhôjyê ća tathâ snânânulêpanê*
> *hriyamâṇê, naravyâghra, svasthâs,* tasyôpaçṛṇvataḥ,
> *nindantê svân adhîkârân saṁtyajantê ća, Bhârata.*

464. — Hariv. 9608 : *Kêçavasyôpaçṛṇvataḥ.*

Dans le Râmâyaṇa, *upaçṛṇôti* s'emploie ordinairement quand il est question d'un personnage secondaire, placé aux côtés de celui qui écoute ou de celui qui parle, et que le discours de ce dernier ne concerne pas directement :

465. — Râm. ii 3, 3 :

> *iti pratyarćya tân râjâ brâhmaṇân idam abravît*
> *Vasiṣṭhaṁ Vâmadêvaṁ ća,* têṣâm êvôpaçṛṇvatâm.

466. — Ibid. vi 107, 2 :

> *tam abravîn mahâtêjâ,* Lakṣmaṇasyôpaçṛṇvataḥ,
> *vimṛçya Râghavô vâkyam idaṁ snêhapuraskṛtam.*

467. — Ibid. iii 75, 36 : *Lakṣmaṇasyôpaçṛṇvataḥ.* [1]

468. — Ibid. v 70, 15 : *harîṇâm îçvarasyaiva Sugrîvasyôpaçṛṇvataḥ.*

saṁ-çṛṇôti.

469. — MBh. v 1812 :

> *avôćan mâṁ yôtsyamânaḥ Kirîṭî : « madhyê brûyâ Dhârtarâṣṭraṁ Kurûṇâm,*
> « saṁçṛṇvatas tasya durbhâṣiṇô vai durâtmanaḥ Sûtaputrasya, *sûta*, etc. »

---

[1] *Lakṣmaṇasya ća çṛṇvataḥ* dans l'édition de Calcutta (iii 71, 21).

Verbe Ni-Çâmayati.

470. — Bhâg. Pur. v 4, 18 :

sa kadâćid aṭamânô bhagavân Ṛṣabhô Brahmâvartagatô brahmarṣipravarasabhâyâm̃, prajânâm̃ niçâmayantînâm, *âtmajân avahitâtmanaḥ .. upaçikṣayann iti hôvâća.*

471. — Ibid. v 3, 19 :

iti niçâmayantyâ Mêrudêvyâḥ *patim abhidhâyântardadhê bhagavân.*

Il serait moins naturel de rapporter ce génitif à *patim* que de le regarder comme cas absolu.

Verbe Çam̃sati.

472. — Bhâg. Pur. VIII 12, 42 :

.. *tâm̃ mâyâm̃ Bhavânîm̃ bhagavân Bhavaḥ*
çam̃satâm ṛṣimukhyânâm̃ *prîtyâćaṣṭâtha, Bhârata :*
« *api vyapaçyas tvam Ajasya mâyâm?* .. etc. »

Verbe Dravati.

473. — Râm. VI 31, 11. Cité p. 25.

Verbe Pibati.

474. — Mârk. Pur. 69, 11 :

avamênê srajam̃ dattâm̃ çubhâny âbharaṇâni ća,
uttasthâv aṅgapîḍêva pibatô 'sya varâsavam,
bhuñjatâ ća narêndrêṇa kṣaṇamâtram̃ karê dhṛtam[1]
bubhujê svalpakam̃ bhakṣyam̃, dvija, nâtimudâvati.

Ces lignes, où il est question de la reine Bahulâ et de sa secrète aversion pour son époux, ne sont pas sans offrir quelque obscurité. Il me paraît difficile en tous cas d'interpréter *pibatô 'sya* autrement

---

[1] Texte : *dhṛtâ.*

que par le tour absolu. Le mot *aṅgapîḍâ* semble être mis pour *aṅgapîḍitâ*, à moins qu'on ne sous-entende *asyâḥ*.

Verbe Yatatê et synonymes.

475. — MBh. XII 419. Draupadî et les Pâṇḍus cherchent à détourner Yudhiṣṭhira de son projet d'abdication :

sâhaṁ sarvâdhamâ lôkê strîṇâṁ, Bharatasattama,
tathâ vinâkṛtâ putrair yâham iććhâmi jîvitum.
êtêṣâṁ yatamânânâṁ (*na mê 'dya vaćanaṁ mṛṣâ*)
tvaṁ tu sarvâṁ mahîṁ tyaktvâ, kuruṣê svayam âpadam.

476. — MBh. I 4143, cité p. 17 (*suhṛdâṁ yatamânânâm*).

— Comparer MBh. VII 3747, cité p. 57 (*krôçatâṁ yatamânânâm*).

— MBh. III 17238 :

nâvidhyan Pâṇḍavâs tatra paçyantô mṛgam antikât.
têṣâṁ prayatamânânâṁ *nâdṛçyata mahâmṛgaḥ.*
upaçyantô mṛgaṁ, çrântâḥ, etc.

Le tour absolu est ici d'autant moins probable que, d'après le contexte, *nâdṛçyata* équivaut à *antardhânaṁ yayau* (de même que *na bhavati* se dit quelquefois pour *mriyatê*). Cette circonstance exclut justement le sens auquel le génitif absolu serait le mieux approprié, savoir : « malgré leurs efforts, ils ne purent parvenir à apercevoir la gazelle. »

477. — MBh. VII 6572 seq. Duryôdhana attribue la défaite des Kurus à une trahison de Drôṇa. Dans cette série de participes au génitif, les uns sont certainement absolus, et les autres le sont probablement, à cause de leur parallélisme avec les premiers. Le vers 6575 a déjà été cité p. 23.

abravić ća tadâ Karṇaṁ putrô Duryôdhanas tava :
« . . tava vyâyaććhamânasya Drôṇasya ća mahâtmanaḥ [1]

---

[1] Vu la présence de *miṣatâm* à l'hémistiche suivant, il n'est pas sûr que *vyâyaććhamânasya* soit attribut principal.

« miṣatâm̃ yôdhamukhyânâm̃, *Saindhavô vinipâtitaḥ.*
« . . mama vyâyaććhamânasya Drôṇasya ća mahâtmanaḥ, [1]
« *alpâvaçêṣam̃ sainyam̃ mê kṛtam̃ Çakrâtmajêna hi.*
« *katham̃* niyaććhamânasya Drôṇasya *yudhi Phâlgunaḥ*
« *pratijńâyâ gataḥ pâram̃ hatvâ Saindhavam Arjunaḥ?*
« aniććhataḥ *katham̃, vira,* Drôṇasya [2] *yudhi Pâṇḍavaḥ*
« *bhindyât sudurbhidam̃ vyûham̃* yatamânasya sam̃yugê ?.. »

Verbe Yudhyatê.

478. — MBh. VII 6591. Karṇa, répondant à Duryôdhana (v. ci-dessus n° 477), prend la défense de Drôṇa :

daivâd iṣṭô [3] *'nyathâbhâvô na, manyê, vidyatê kvaćit ;*
yatô nô yudhyamânânâm̃ param̃ çaktyâ, *Suyôdhana,*
Saindhavô nihatô yuddhê, daivamâtram̃ param̃ smṛtam.

479. — Râm. VI 62, 8 :

prayatnâd yudhyamânânâm *asinâ* paçyatâm̃ *ća* naḥ
jaghâna rudatim̃ Sitâm̃ Râvaṇi, Raghunandana.

— MBh. VII 4975 :

katham̃ ća yudhyamânânâm *apakrântô* mahâtmanâm
êkô bahûnâm̃ *Çainêyas, tan mamâćakṣva Sam̃jaya.*

Ici le génitif dépend, sans aucun doute, de *apakrântaḥ*. C'est le cas traité p. 40, l. 17 seq.

---

[1] L'addition de *mê* à l'hémistiche suivant confirme le tour absolu.

[2] Ce dernier génitif pourrait bien être possessif, car peu de vers plus haut nous lisons : *âćâryavihitam̃ vyûham.* L'*âćârya* est, comme on sait, Drôṇa.

[3] Ou *daivâdiṣṭô??*

II. Le prédicat est un adjectif.

Akâma.

480. — MBh. I 8166 :

tać ćhrutvâ vaćanaṁ tv Agnêr, Bibhatsur Jâtavêdasam
abravin, nṛpaçârdûla, tatkâlasadṛçaṁ vaćaḥ
didhakṣuṁ Khâṇḍavaṁ dâvam akâmasya Çatakratôḥ.

481. — Ibid. II 2478. Cité p. 16.

Gata, Prasthita.

482. — Pttr. 43 (38, 7 Koseg.; Chrest. Benf. 103, 19) : *mama gatâyâḥ*. Cf. ci-dessus p. 10.

483. — Kath. 29, 79 : *prasthitasya mê*. V. p. 14.

Sthita.

484. — Pttr. 193. Cité p. 18.

Upaviṣṭa.

485. — Pttr. 279 :

atha prabhâtasamayê, sabhôpaviṣṭasya râ*jńô*, *Vararućir âyâtaḥ*.

Supta et synonymes.

486. — Kath. 42, 64 et 68 :

suptasyâsya nṛpasyâ*tha râjńi sâdhikasaṁgamâ*
utthâyâtmana êva dvâv iććhanti sadṛçau sutau
çirṣântâd bhakṣayâm âsa dvitiyam api tat phalam.

La reine Adhikasaṁgamâ s'empare du fruit magique placé *sous l'oreiller du prince*. Il est possible que le génitif dépende de *çirṣântât;* mais cette explication ne s'applique plus au vers 68 que voici :

tatra tat phalam êkaṁ taṁ yâćamânâṁ ća sô 'bravit :
« suptasya mê, *tad apy açnât sapatnî tê ćhalâd » iti.*

487. — Ibid. 124, 117 :

pathiçramâć ća suptasya tasya, *nirgatya sâ vahiḥ*
caurasyôpapatêḥ çûlaviddhasyâpy antikaṁ yayau.

488. — Ibid. 61, 91 : *suptasyâtra ća tasya.*
489. — Ibid. 112, 14 : *âryaputrasya suptasya.*
490. — Pttr. 156 : *tasya nidrâvaçaṁ gatasya.* [1]

Le participe *svapant-* au génitif absolu n'apparaît que dans un exemple douteux du Râmâyaṇa, II 31, 27 :

âhariṣyâmi tê nityaṁ mûlâni ća phalâni ća,
. . bhavâṁs tu saha Vaidêhyâ girisânuṣu raṁsyatê.
*ahaṁ sarvaṁ kariṣyâmi jâ*grataḥ svapataç ća tê.

Le génitif peut être régime indirect de *kariṣyâmi.* Tout dépend de la nuance exacte qu'on veut y mettre.

Vyagra et synonymes.

491. — (?) Pttr. 151 (121, 14 Koseg.) :

atrântarê tasyâ gṛhakarmavyagrâyâs *tilânâṁ madhyê kaçćit sâramêyô mûtrôtsargaṁ ćakâra.*

Les *tilas* en question sont amplement connus par les lignes précédentes; il est donc permis d'en détacher le génitif souligné.

492. — Mârk. Pur. 85, 37 (Dêvîmâhâtm. 5, 39) :

êvaṁ stavâdiyuktânâṁ dêvânâṁ, *tatra Pârvati*
snâtum abhyâyayau tôyê Jâhnavyâ, nṛpanandana.

493. — Pttr. 309 :

atha kadâćit têṣaṁ gôṣṭhîgatânâṁ, *jâlahastadhivarâḥ prabhûtair matsyair vyâpâditair mastakê vidhṛtair astamanavêlâyâṁ tasmin jalâçayê samâyâtâḥ.*

têṣâm désigne les poissons qui se trouvent dans l'étang.

---

[1] Ces trois derniers génitifs sont moins certainement absolus.

Divers.

494. — Pttr. 183 en bas :

Citrâṅgô 'py, aprâptasyâpi tasya, *tala utthâya*, *vâyasêna saha palâyitaḥ*.

« avant que le chasseur fût arrivé ; le chasseur n'étant pas encore arrivé. »

495. — (?) Râm. IV 20, 14. Paroles de Târâ, veuve de Bâlin, à Râma :

tvâm̃ tu çaptum̃ samarthâsmi pativratasamâçrayât ;
Vaidêhyâs tv abhibhûtâyâ, *na tâvać ćhâpam arhasi.*
aćirêṇa tu kâlêna tava bâṇair upârjitâ
na Sitâ mama çâpêna ćiram̃ tvayi bhaviṣyati.

Les mots soulignés pourraient s'entendre comme ablatifs (= *Vaidêhyâs tv abhibhavât*, *abhibhûtatvât*[1]), et indiqueraient alors la *raison* de l'action. Il est préférable d'en faire un génitif absolu, portant sur le *temps* de l'action (*yâvad abhibhûyatê Vaidêhî*); et en conséquence *na tâvat*, au lieu de signifier *pas encore*, répond au *yâvat* virtuellement contenu dans le génitif absolu. [2]

---

[1] Le sanscrit connaît en effet le tour *reges exacti* = *exactio regum*. Râm. VI 112, 26 :

ṛṣisam̃ghais tadâkâçê dêvaiç ća samarudgaṇaiḥ
stûyamânasya Râmasya *çuçruvê madhuradhvaniḥ*.

Cette construction est fréquente surtout *à l'instrumental*, et il vaut la peine d'ajouter, vu le sujet de notre travail, qu'elle a été bien près d'engendrer un troisième cas absolu sanscrit. Voyez à ce point de vue : Râm. II 12, 100. II 50, 32. II 64, 17. Kath. 55, 213. 60, 52. 71, 273. 101, 30. Mârk. Pur. 27, 16. 49, 9. 84, 17. 108, 2. Bhâg. Pur. IV 11, 15. Ind. Spr. nº 427 (en prenant pour points de comparaison dans les locatifs absolus MBh. III 529 = Mârk. Pur. 69, 35. Hitôp. II 35. Prabôdhaćandrôdaya Brockh. p. 74 : *nâryâm̃ jitâyâm*).

[2] Cf. Bhâg. Pur. V 8, 1 : *tayâ pêpiyamâna udakê*, tavad *êva* ..*mṛgapatêr unnâdaḥ*.. *udapatat*.

496. — (?) Râm. v 63, 25. Exemple qui doit peut-être s'interpréter comme ceux dont il a été question à l'article *praviçati* (p. 53).

prahṛṣṭasya tu Râmasya Lakṣmaṇasya ća dhîmataḥ
idaṁ Dadhimukhaṁ vâkyaṁ Sugrîvô muditô 'bravît:
« *prîtô 'smi, mâ bhûn manyus tê*, etc. »

CVRRICVLVM VITAE

Je suis né à Genève le 26 novembre 1857. Mes parents, Henri-Louis-Frédéric de Saussure et Louise-Elisabeth *née* de Pourtalès, appartiennent à la religion protestante. Après une première instruction reçue dans différentes institutions, je suivis l'école privée dirigée à Genève par M. Martine, puis, de 1872 à 1875, le Collège cantonal et le Gymnase académique, au sortir duquel je passai l'examen du baccalauréat ès-lettres.

De 1875 à 1876 j'étudiai à l'Université de Genève et y eus pour professeurs MM. Amiel (philosophie), Giraud-Teulon (histoire de l'art), Marignac (chimie), L. Morel (grammaire grecque), Nicole (langue et littérature grecques), Oltramare (langue et littérature latines), Wartmann (physique).

A l'Université de Leipzig, où je me rendis ensuite, j'entendis pendant quatre semestres MM. les professeurs et privat-docents Braune, Brugman, Curtius, Edzhardy, Fritzsche, Hübschmann, Leskien, Osthoff, Overbeck, Schoell, Windisch, et pris part aux travaux de la *Grammatische Gesellschaft* dirigée par M. le professeur Curtius. Je préparai en même temps un ouvrage publié en décembre 1878 sous le titre de « Mémoire sur le système primitif des voyelles dans les langues indo-européennes. »

Pendant l'hiver de 1878-79 je suivis à l'Université de Berlin les cours de MM. Oldenberg et Zimmer. Après avoir interrompu quelque temps mes études, je revins à Leipzig à la fin de l'année 1879 et y subis les épreuves du doctorat en février 1880.

Je suis heureux de trouver ici l'occasion d'offrir aux professeurs que j'ai eu le privilège d'approcher et d'entendre l'expression publique de ma reconnaissance.

FERDINAND DE SAUSSURE.

Printed in the United States
By Bookmasters